Qu'est-ce que la politique ?

Hannah Arendt

Qu'est-ce que la politique ?

TEXTE ÉTABLI PAR URSULA LUDZ

TRADUCTION DE L'ALLEMAND ET PRÉFACE
DE SYLVIE COURTINE-DENAMY

Éditions du Seuil

Dans la première édition de cet ouvrage,
publiée dans la collection « L'Ordre Philosophique »,
dirigée par Barbara Cassin et Alain Badiou,
le lecteur trouvera des annexes concernant l'établissement
des textes d'Hannah Arendt
qui constituent la présente édition.

Titre original : *Was ist Politik ?*
Éditeur original : Piper Verlag
ISBN original : 3-492-03618-X
© original : R. Piper GmbH & Co KG, München, 1993

ISBN 2-02-048190-1
(ISBN 2-02-021769-4 1re publication)

© Éditions du Seuil, novembre 1995, pour la traduction française
et la préface

Le Code de la propriété intellectuelle interdit les copies ou reproductions destinées à une utilisation collective. Toute représentation ou reproduction intégrale ou partielle faite par quelque procédé que ce soit, sans le consentement de l'auteur ou de ses ayants cause, est illicite et constitue une contrefaçon sanctionnée par les articles L. 335-2 et suivants du Code de la propriété intellectuelle.

www.seuil.com

Préface

Le Sahara en Afrique n'est qu'une forme de désert[1].

Les textes de Hannah Arendt que nous traduisons ici sous l'intitulé *Qu'est-ce que la politique ?* sont nés d'une rencontre avec l'éditeur allemand Piper en 1955 qui lui avait proposé d'écrire une « Introduction à la politique »[2]. Hannah Arendt s'occupa pendant de nombreuses années de ce projet qui devait être prêt pour le printemps 1958. Elle préparait alors la publication des six conférences Walgreen sur « Le travail du corps humain et l'œuvre de nos mains », prononcées en avril 1956 à l'université de Chicago, où elle avait exposé sa réflexion sur le travail, l'œuvre, l'action, première ébauche de *La Condition de l'homme moderne*. Elle préparait en outre la version allemande de *Fragwürdige Traditionsbestände im politischen Denken der Gegenwart* qui parut en 1957[3] et dont quatre

---

1. Martin Heidegger, *Qu'appelle-t-on penser ?*, Paris, PUF, 1957, trad. A. Baecker et G. Granel, p. 36.
2. Chaque fois qu'elle fait référence au projet de cet ouvrage, Hannah Arendt parle de l'« Introduction à la politique » qui fait donc double emploi avec le titre proposé par l'édition allemande et la traduction française *Qu'est-ce que la politique ?*.
3. Francfort, Europäische Verlagsanstalt. Ce volume, augmenté de deux essais, fut publié en anglais sous le titre *Between Past and*

articles allaient être réintégrés à *La Crise de la culture*. Enfin, elle écrivait sa conférence sur la révolution hongroise [4], le système des Conseils lui apparaissant comme la seule résistance possible face au totalitarisme.

Comme le montre sa lettre à Piper datée d'avril 1959 [5], elle prit du retard, et le projet avait subi de nombreuses modifications, au point que le chapitre originellement prévu sur la guerre et la révolution étant devenu matière à un volume entier elle se proposait d'écrire un second volume répondant à la question « La politique a-t-elle finalement encore un sens ? ». La lettre adressée en décembre 1959 à la Fondation Rockefeller [6] en vue d'obtenir une subvention lui permettant de mener à bien sa tâche est encore plus instructive. On y apprend que ses plans remontaient à l'année 1955 pour le moins, qu'elle disposait de larges extraits au brouillon et qu'une des raisons pour lesquelles elle avait dû différer ce projet tenait à la rédaction concomitante de *La Condition de l'homme moderne*, publiée en 1958. Plus encore, de l'aveu d'Arendt, *La Condition de l'homme moderne*, où sont analysés le Travail, l'Œuvre et l'Action, était conçue comme « une sorte de prolégomène au livre que j'ai l'intention d'écrire maintenant […] [et qui] repren-

---

Future : Six Exercises in Political Thought en 1961, The Viking Press, New York, 1961 ; 2e édition augmentée de deux essais, 1968.

4. « Totalitarian Imperialism : reflections on the hungarian revolution », *Journal of Politics*, 20/1, février 1958, p. 5-43, qui fut rajouté à l'édition de 1958 de *The Origins of Totalitarianism*, New York, Harcourt Brace and Company, 1951 ; 2e éd. augmentée, New York, The World Publishing, 1958 ; 3e, 4e et 5e éd. (nouvelles préfaces), New York, Harcourt and Brace World, 1966, 1968, 1973.

5. Voir la première édition de cet ouvrage, Seuil, 1995, Appendice, p. 204-206.

6. *Ibid.*, p. 206-208.

Préface

dra la question à l'endroit où s'achève le précédent. Il sera exclusivement centré sur l'action et la pensée ». Face au refus de la Fondation, Hannah Arendt renonça à son projet qui ne survécut plus que sous la forme de conférences : « Introduction à la politique »[7] et « Philosophie et politique : qu'est-ce que la philosophie politique ? »[8], sans pour autant détruire les manuscrits. Ils sont au nombre de sept : aucun n'étant daté, l'éditeur allemand, Ursula Ludz, s'en est chargé ainsi que de leur classement[9]. Les fragments 1, 2a, 2b auraient donc été rédigés entre 1956 et 1957, les fragments 3a, 3b, 3c, 3d entre 1958 et 1959. L'éditeur leur a rajouté un chapitre prévu sur « La position socratique » qui n'a pas été écrit[10] et, très judicieusement, la conclusion d'un cours que Hannah Arendt avait prononcé au début de l'année 1955 à l'université de Berkeley, intitulée « Du désert et des oasis »[11].

Quels sont les concepts dont Hannah Arendt dispose en 1955 alors qu'elle commence à réfléchir à la question « Qu'est-ce que la politique ? » ? Hannah Arendt avait publié sa thèse sur saint Augustin en 1929[12]. Elle retient de lui sa situation, la brèche *entre passé et futur*, le moment de l'éclatement de la triade romaine *religion, autorité, tradition*, la faculté centrale en l'homme de la *mémoire*, l'expression *vita activa* sous la forme de

---

7. Chicago, 1963.
8. New School, 1969.
9. Voir la première édition de cet ouvrage, *op. cit.*, p. 144-148.
10. *Ibid.*, p. 164 à 177.
11. Voir Fragment 4, p. 186-191.
12. *Der Liebesbegriff bei Augustin. Versuch einer philosophischen Interpretation*, Berlin, J. Springer, 1929 ; *Le Concept d'amour chez saint Augustin*, Paris, Tierce, 1991, trad. A. S. Astrup, préface de G. Petitdemange.

la *vita negotiosa* ou *actuosa*, traduction du *bios politikos* d'Aristote, « vie consacrée aux affaires politico-publiques », le motif du *commencement*, de l'*initiative*, et elle fera de lui le premier philosophe de la *volonté*. Elle a également presque terminé de rédiger le manuscrit de *Rahel Varnhagen, La vie d'une juive allemande à l'époque du romantisme*[13] auquel il ne manquait que deux chapitres au moment où elle fuit l'Allemagne nazie, et publié *Sechs Essays*[14] qui deviendront *Die verborgene Tradition : Acht Essays*[15], c'est-à-dire *La Tradition cachée*. Elle a donc perçu la nature du piège que constitue l'*assimilation*, élaboré les catégories du *parvenu* et du *paria*, mis au jour les concepts d'*acosmisme* et d'*isolement*, et démontré l'*impuissance des droits de l'homme*. Elle avait enfin publié en 1951 *The Origins of Totalitarianism*[16]. Outre l'analyse des éléments de la haine des juifs et de l'élément de l'expansion, on trouve dans ce livre une analyse des masses modernes, caractérisées par l'*absence de chez-soi*, de racines, d'intérêt commun (l'*inter-est* cicéronien). Hannah Arendt y récuse également l'assimilation des idéologies totalitaires à une *nouvelle religion*[17], tire les conséquences

---

13. *Rahel Varnhagen : the Life of a Jewess*, Londres, East and West Library, 1958 ; *Rahel Varnhagen. La vie d'une juive allemande à l'époque du romantisme*, Paris, Tierce,1986, trad. H. Plard. Hannah Arendt, sur l'insistance de son second mari Heinrich Blücher et de Walter Benjamin, s'était décidée à terminer son manuscrit et à le publier, en dépit des nombreuses remarques critiques que lui adressa Jaspers, comme en témoigne leur Correspondance.

14. Heidelberg, L. Schneider, 1948.

15. Francfort, Suhrkamp, 1976. Il s'agit de l'édition de *Sechs Essays*, augmentée de deux articles : « Aufklärung und Judenfrage » (1932) et « Zionism reconsidered » (1945).

16. New York, Harcourt Brace & Co, 1951.

17. « Religion and Politics », *Confluence*, 2-3 sept. 1953, p. 105-

de l'abolition entre *privé* et *public*, affirme le caractère *inédit* du totalitarisme par rapport à la tyrannie[18], s'interroge sur la perte du *sens commun* – sens politique par excellence –, sur ce mal qu'elle nomme tantôt absolu et tantôt *radical*, sur la disproportion entre crime et châtiment, et enfin sur l'impossibilité du *pardon*. En fait, Hannah Arendt, à l'issue de son projet d'étudier les éléments totalitaires du marxisme dans *Le Système totalitaire*, tentait d'élaborer une nouvelle science du politique. Tout ce qu'elle écrivit entre 1952 et 1956 était destiné à l'origine à un livre sur le marxisme qu'elle préparait, qui ne vit jamais le jour, mais dont elle soumit quatre chapitres[19] à la Fondation Guggenheim. S'efforçant de comprendre la montée des systèmes totalitaires, elle faisait apparaître avec Marx un point de rupture par rapport à la tradition[20]. Pour dégager la spécificité des régimes totalitaires, elle retraçait l'historique de la loi et du pouvoir, fondements traditionnels des formes de gouvernement, et se référait

---

126; « Religion et politique », in *La Nature du totalitarisme*, Paris, Payot, 1990, trad. M. I. B. de Launay, p. 139-171.

18. « Ideology and Terror : a novel form of government », *Review of Politics*, 15/3, juillet 1953, p. 303-327 ; « Idéologie et terreur », inclus dans l'édition de 1958 de *The Origins of Totalitarianism*.

19. Le premier devint « Compréhension et politique », *Partisan Review*, 1953, trad. fr. M. I. B. de Launay in *La Nature du totalitarisme*, *op. cit.*, p. 36-97. Le deuxième « La tradition et le monde moderne », *Partisan Review*, 1954. Le troisième, remanié, « Qu'est-ce que l'autorité ? », *Nomos*, I : Authority, New York, Bobbs-Merill, 1958. Ces deux derniers chapitres furent ensuite repris dans *La Crise de la culture*. Le quatrième chapitre était « Idéologie et terreur », épilogue du *Système totalitaire*, Paris, Le Seuil, 1972, trad. J. L. Bourget, R. Davreu et P. Lévy.

20. Cf. la conférence de 1953 à Princeton « Karl Marx et la grande tradition ».

à Montesquieu pour distinguer le totalitarisme de la tyrannie.

Dans sa lettre à la Fondation Rockefeller, nous l'avons vu, Hannah Arendt affirmait que *La Condition de l'homme moderne* ne serait qu'« une sorte de prolégomène » au livre qu'elle avait maintenant l'intention d'écrire et qui reprendrait la question à l'endroit où s'achevait précisément le précédent. « Il sera exclusivement centré sur l'action et la pensée », précisait-elle. Si nous nous souvenons en outre que, dès la fin de *La Condition de l'homme moderne*, *Vita activa* dans l'édition allemande, elle reconnaissait que son principal défaut consistait à « considérer la *vita activa* du point de vue de la *vita contemplativa* sans jamais rien dire de réel à propos de la *vita contemplativa* », annonçant ainsi son complément *La Vie de l'esprit*[21], il faut bien reconnaître qu'il s'agit là en quelque sorte d'une trilogie, *Qu'est-ce que la politique ?* constituant le maillon intermédiaire entre les deux grandes œuvres. A la fin de *La Condition de l'homme moderne*, s'interrogeant sur la permanence de la capacité d'agir à l'âge moderne, Hannah Arendt constatait que, si elle est bien toujours présente, elle est toutefois devenue le privilège des hommes de science dont le champ d'action est la nature[22], l'univers, et non le réseau des relations humaines. Ce qui leur manque, c'est le « caractère révélatoire de l'action comme de la faculté de produire des récits et de devenir historique,

---

21. Paris, PUF, 1981, trad. L. Lotringer. Rappelons que cette œuvre, à laquelle elle travailla de 1970 à 1975, fut publiée après sa mort, et qu'une conférence de 1970, « Thinking and Moral Considerations », en constituait la première esquisse.

22. Voir également *La Vie de l'esprit*, I, *La Pensée*, Paris, PUF, 1981, p. 21.

Préface

qui à eux deux forment la source d'où jaillit le sens[23] ». En ce qui concerne les conditions de possibilité de l'exercice de la pensée, forme suprême et vulnérable de l'action, « elle reste possible partout où les hommes vivent dans des conditions de liberté politique[24] ». C'est précisément cette problématique que reprend *Qu'est-ce que la politique?*.

On y trouve une première affirmation : « La politique repose sur un fait : la pluralité humaine[25]. » Le présupposé de la politique serait ainsi la pluralité. *La Condition de l'homme moderne* affirme pour sa part l'équivalence du vivre, c'est-à-dire du fait d'occuper une place dans le monde qui est toujours plus vieux que nous et qui nous survivra, et de l'*inter homines esse*, la pluralité apparaissant spécifiquement comme « *la* condition *per quam* de toute vie politique » (p. 42). « La pluralité est la loi de la terre », reprendra en écho *La Vie de l'esprit*[26]. Vivre, pour l'homme, c'est donc être au milieu de ses semblables, au sein d'une *polis*, et *inter homines desinere*, cesser d'être parmi les hommes, est synonyme de mort[27]. Le lieu de naissance de la politique est l'espace entre les hommes, lisons-nous dans le Fragment 1. *La Condition*, pour sa part, décrit l'action comme la seule activité correspondant à la condition humaine de la pluralité, c'est-à-dire « au fait que ce sont des hommes et non l'homme qui vivent sur

---

23. *La Condition de l'homme moderne*, Paris, Calmann-Lévy, 1961, p. 403.
24. *Ibid.*, p. 403.
25. Fragment 1, p. 39.
26. *La Vie de l'esprit*, I, *op. cit.*, p. 34. Ou encore : « Rien de ce qui existe n'existe au singulier » *(ibid.)*.
27. *Ibid.*, p. 91.

terre et habitent le monde », la seule activité qui mette directement en rapport les hommes (p. 41). La politique est donc essentiellement action, mise en « relation », et Arendt renvoie à Hobbes ; c'est dire que l'objet de la politique est le monde et non pas l'homme. Dans *La Condition*, Arendt oppose le monde, la terre et la nature : pour qu'il y ait monde, il faut des « productions humaines », des « objets fabriqués de main d'homme ». Mais « outre un grand nombre de choses, naturelles et artificielles, vivantes et mortes, provisoires et éternelles [28] », pour qu'il y ait monde, il faut des « relations qui existent entre les habitants de ce monde fait par l'homme » et qui ne sauraient se réduire aux relations réductrices du travail (p. 91). Même la vie de l'ermite au désert ne saurait se concevoir sans l'existence d'un monde attestant la présence d'autres humains (p. 59).

Le monde, tel est donc le présupposé de la politique [29], et c'est pourquoi un monde sans hommes, contrairement à la nature ou à l'univers, est une contradiction dans les termes : « il n'y a d'hommes que là où il y a monde [30] » et réciproquement « il n'y a d'hommes que là où il y a pluralité ». La pluralité ne saurait se réduire à la multiplication des exemplaires d'une espèce, à la répétition infinie d'un même modèle, faute de quoi il n'y aurait pas de place pour l'action. Il n'y a pluralité et donc action humaine que « parce que nous sommes tous pareils, c'est-à-dire humains, sans que jamais personne soit identique à aucun homme ayant vécu, vivant ou encore à naître », précise *La Condition*

---

28. *Ibid.*, p. 33.
29. Fragment 3c, p. 154.
30. *Ibid.*

Préface

(p. 42). Distinction dans l'égalité, à l'image de la rivalité entre pairs dans la *polis* grecque, telle est la loi de la pluralité et de l'action.

C'est pourquoi « plus il y a de peuples, plus il y a de monde [31] ». L'absence d'autrui me prive d'existence, c'est-à-dire de la faculté de « paraître », qui dépend de la présence d'êtres vivants car « le fait que j'aie le sentiment de moi-même et puisse donc, dans un certain sens, m'apparaître à moi-même, ne suffirait jamais à garantir ma réalité [32] ». La réalité de mon existence présuppose la permanence et la durabilité du monde [33], et la destruction d'un peuple équivaut ainsi à la destruction d'une partie du monde, d'une perspective unique sur le monde, d'une partie de la réalité du monde, puisque « nous sommes du monde et pas seulement au monde [34] ». Hannah Arendt, faut-il le rappeler, écrit à l'époque des sombres temps, ceux qui ont vu précisément la destruction d'une partie du monde, d'une perspective irremplaçable, dans les crématoires d'Auschwitz. Elle écrit aussi après Hiroshima, après Coventry, après les bombardements sur Dresde, et sous la hantise d'une troisième guerre mondiale, comme en témoigne en de nombreux endroits sa Correspondance avec Jaspers, lequel a d'ailleurs publié *La Bombe atomique et l'Avenir de l'homme* [35]. Publié en 1958, ce livre souleva de nombreuses objections de la part des savants allemands et des opposants à l'Alliance Atlantique, mais il valut

---

31. *Ibid.*
32. *La Vie de l'esprit*, I, *op. cit.*, p. 34.
33. *La Condition de l'homme moderne*, *op. cit.*, p. 169.
34. *La Vie de l'esprit*, I., *op. cit.*, p. 37.
35. Paris, Plon, 1958, trad. R. Soupault.

à son auteur le prix de la Paix des libraires allemands à l'occasion duquel d'ailleurs Hannah Arendt prononça une allocution [36]. Hannah Arendt évoque également l'essai sur la bombe atomique qu'avait publié en 1956 Günther Anders [37], son premier mari : le mot « expérience » appliqué aux essais nucléaires des nouvelles bombes n'a plus de sens puisque leurs effets sont si énormes que, loin de se dérouler dans un espace isolé du monde extérieur, « leur laboratoire coïncide avec le globe [38] ». Elle-même a d'ailleurs écrit en 1954 un article, « L'Europe et la bombe atomique », où elle montre l'effroi qui s'est emparé du monde après Hiroshima, la suspicion à l'encontre du progrès technique n'étant plus exclusivement le fait des intellectuels comme c'était depuis longtemps déjà le cas, et l'Amérique apparaissant désormais comme « l'incarnation d'une emprise technique destructrice hostile et étrangère à l'Europe [39] ». Une telle condamnation de l'Amérique est erronée, car de nombreux savants européens contraints à l'exil par les circonstances politiques ont contribué à la découverte de l'énergie atomique. Il n'en reste pas moins pourtant vrai que l'argument selon lequel l'Amérique, pays de la liberté, n'utiliserait cette force que pour se défendre et pour riposter est fallacieux car « la liberté n'est pas garantie par les lois », mais

36. « Karl Jaspers : Éloge », in *Vies politiques*, Paris, Gallimard, 1974 ; nouvelle édition, coll. « Tel », trad. J. Bontemps et P. Lévy, 1986.
37. *De la bombe et de notre aveuglement face à l'Apocalypse*, Paris, Titanic, 1995, trad. P. Charbonneau.
38. *La Condition de l'homme moderne, op. cit.*, p. 203.
39. « Europ and the Atom Bomb », *Commonweal*, 60/24, 17 sept. 1954, p. 578-580 ; trad. fr. A. Énégren, in *Penser l'événement*, Paris, Belin, 1989, p. 187.

suppose une marge d'imprévisibilité. En outre, l'outrepassement des limites de la violence liée aux découvertes de l'armement atomique met en question la valeur des notions de courage et de risque traditionnellement réservées aux mortels, et celle de la survie de l'humanité qui doit assurer le souvenir et le respect des glorieux sacrifices : après une catastrophe nucléaire, quel autre Homère chanterait les louanges d'Hector, quel autre Hérodote relaterait l'histoire des Perses ? Autrement dit, « à partir du moment où il est imaginable qu'une guerre puisse menacer la pérennité de l'existence humaine sur terre, l'alternative de la liberté ou de la mort a perdu son ancienne validité [40] ».

A supposer que le risque de guerre nucléaire se concrétise, prophétise Hannah Arendt, « l'homme serait privé de monde [41] ». Entendons, il serait privé de l'espace de l'apparence, il ne pourrait plus être ni vu ni entendu de tous. Or, et ici Hannah Arendt renvoie à Aristote – « ce qui apparaît à tous, c'est ce que nous nommons l'Être [42] » – et à Héraclite, pour lequel tout ce qui manque de cette apparence « passe comme un rêve qui n'a point de réalité [43] ». La formule n'est pas sans rappeler également celle que Heidegger utilise dans *Les Concepts fondamentaux de la métaphysique. Monde, finitude, solitude* [44], encore que Heidegger, contrairement

40. *Ibid.*, p. 191.
41. Fragment 2b, p. 59.
42. *Éthique à Nicomaque*, 1172 b, 36 *sq.*
43. Fragment B 89, Diels.
44. Paris, Gallimard, 1992, trad. D. Panis, p. 267. En ce qui concerne la discussion de la « dépendance » de Hannah Arendt par rapport à son « maître » Heidegger au sujet des concepts de « monde », de « pluralité » et de « natalité », nous renvoyons d'une part à l'article de 1946 de Hannah Arendt : « What is Existenz

à Arendt, n'écrive pas sous la crainte de l'arme atomique ou d'une troisième guerre mondiale, le véritable danger consistant plutôt pour lui dans la domination de la pensée calculante[45]. Néanmoins, à la différence des choses matérielles, la pierre par exemple, qui est « sans monde », c'est-à-dire qui n'est qu'un « fragment » du monde, l'animal est pour Heidegger « pauvre en monde », tandis que l'homme « a » le monde en ce sens qu'il en est à la fois le serviteur et le maître, qu'il est « configuration de monde ». Toutefois la pauvreté en monde de l'animal ne doit pas s'entendre comme l'opposé de la richesse en monde dont l'homme est la configuration illimitée : « Être pauvre ne signifie pas simplement : ne rien posséder, ni posséder peu, ni posséder moins que les autres. Être pauvre signifie être privé[46]. » Ce que la guerre nucléaire anéantirait, c'est la pluralité, le monde des relations humaines qui s'instaurent partout où des hommes vivent ensemble, la possibilité de parler, d'agir de concert. La privation de monde qui nous frapperait, nous ravalant au statut de l'animal, ne consisterait pas tant dans l'anéantissement des objets du monde fabriqué par l'homme, qui sont toujours susceptibles d'être reconstruits, que dans la perte irrémédiable de ces relations humaines elles aussi constitutives du monde et potentiellement immor-

---

Philosophy ? », *Partisan Review*, 8/1, hiver 1946, p. 34-56 (trad. fr. de C. Mendelssohn in *Deucalion* 2, *Les Cahiers de philosophie*, éd. de la revue Fontaine, 1947) et, d'autre part, au livre de J. Taminiaux, *La Fille de Thrace et le Penseur professionnel. Arendt et Heidegger*, Paris, Payot, 1992.

45. « Sérénité », in *Questions III*, Paris, Gallimard, 1966, trad. A. Préau, p. 180.

46. *Ibid.*, p. 290.

telles qui ne sauraient être restaurées puisqu'elles n'ont pas été produites[47]. A supposer qu'un seul peuple survive à une catastrophe nucléaire, ces hommes privés de monde qui subsisteraient n'appartiendraient donc plus à l'humanité. Hannah Arendt fait toutefois une exception : le peuple juif, lui, a survécu au monde produit tangible[48]. Dans *La Tradition cachée*, elle s'était déjà intéressée au peuple juif en tant qu'exemple type de formation populaire acosmique se maintenant depuis des millénaires. Si dans *Vies politiques*[49] elle assimile l'acosmisme à une « véritable forme de barbarie », sans toutefois identifier complètement acosmisme et apolitisme, elle n'est pas toujours aussi négative. Dans son entretien avec Gaus par exemple, analysant les conséquences de la perte du monde pour le peuple juif, qui consistent en la disparition à tout jamais de cette chaleur, de cette fraternité spécifiques aux peuples parias, elle affirme en effet : « C'était quelque chose de très beau que cette faculté de-se-tenir-debout en dehors de toute liaison sociale[50]. » C'est cette faculté qui aurait été perdue au moment de la création de l'État d'Israël car c'était là le prix de l'accès à la visibilité politique, à la liberté. Par la suite, le sionisme, dans lequel elle vit un moment l'espoir d'un remède à l'acosmisme du peuple juif, subira la même critique : il s'agit là d'un nouvel acosmisme qui se caractérise par la méconnaissance de l'altérité et de la pluralité arabes : « Ils avaient fui en Palestine comme on souhaite se propulser sur la

---

47. Fragment 3c, p. 135.
48. *Ibid.*
49. « Réflexions sur Lessing » in *Vies politiques*, *op. cit.*, p. 22.
50. *La Tradition cachée*, Paris, Ch. Bourgois, 1987, trad. S. Courtine-Denamy ; nouvelle éd., coll. « Choix Essais », 1993, p. 248.

lune, pour échapper à la méchanceté du monde[51] », écrit-elle.

Cette privation de monde qui nous exclurait de l'appartenance à l'humanité, qui nous réduirait au statut de l'animal, c'est tout simplement la disparition de l'entre-deux, soit « l'extension du désert[52] » que Nietzsche est le premier à avoir reconnu signale Arendt qui fait sans doute ici allusion à la phrase : « Le désert croît. Malheur à celui qui protège le désert[53] ! » Écoutons d'abord en allemand cette parole énigmatique « *die Wüste wächst : weh Dem, der Wüsten birgt !* », avant d'écouter l'interprétation qu'en propose Heidegger puisque aussi bien Hannah Arendt se contente de signaler que Nietzsche est le père de cette prophétie. En dépit de sa tonalité négative et pessimiste, il ne s'agirait pas au dire de Heidegger d'un diagnostic unanimement partagé quant au fait que l'Europe serait aujourd'hui malade et l'époque actuelle sur la pente du déclin. Nietzsche a en effet mis dans ce « cri », « le désert croît », « tout ce qu'il savait », et il ne s'agit donc pas de le transformer en vain bavardage[54]. A l'époque où Nietzsche proféra ce cri, vers 1883-1884, le monde ignorait encore tout des guerres mondiales et avait une foi aveugle dans le progrès. Qu'a-t-il voulu dire ? Toujours en suivant Heidegger, Nietzsche poserait la question : « L'homme est-il en tant qu'homme […] pré-

---

51. « Réexamen du sionisme » in *Auschwitz et Jérusalem*, Paris, Tierce, 1991, trad. S. Courtine-Denamy, préface de F. Collin ; nouvelle éd., « Presses Pocket », 1993.

52. Fragment 4, p. 186.

53. *Ainsi parlait Zarathoustra*, IVe partie, « Parmi les filles du désert », Paris, Gallimard, 1971, trad. Colli Montinari, p. 368-372.

54. *Qu'appelle-t-on penser ?*, *op. cit.*, *p.*36.

paré à la domination de la terre ? S'il ne l'est pas, que doit-il advenir de l'homme traditionnel pour qu'il puisse "soumettre" la terre et accomplir ainsi la parole de l'Ancien Testament[55] ? » Nietzsche désignerait l'homme traditionnel, « le dernier homme », celui qui n'est plus capable de regarder au-delà de lui-même, de se transcender lui-même, et celui auquel s'adresse le « Malheur ! » serait le Surhomme, car celui qui va « au-delà doit être celui qui décline, le chemin du Surhomme commence avec son déclin[56]... ». Interprétation que semble implicitement contester Hannah Arendt lorsqu'elle dénonce l'erreur de Nietzsche selon laquelle le désert aurait son origine en nous, Nietzsche révélant ainsi qu'il serait lui-même « un habitant conscient du désert ». L'espoir pour Arendt est pourtant lui aussi fondé sur une attente, sur un miracle, non pas celui du Surhomme, « espèce humaine assez vigoureuse pour vivre dans la pensée de l'"Éternel Retour" », capable de se transcender, de « se surmonter »[57], mais celui que constitue l'apparition de tout nouveau venu *(neos)* au monde en tant qu'il est potentiellement porteur d'inédit, d'imprévisible, de nouveauté par rapport à l'homme tel qu'il a été jusqu'ici, en tant qu'il inaugure virtuellement un nouveau monde[58].

Si donc une catastrophe nucléaire nous condamnait à la privation de monde, au désert, nous serions reconduits à une situation préromaine. Le peuple romain est en effet le peuple politique par excellence, dont Hannah

---

55. *Ibid.*, p. 53.
56. *Ibid.*, p. 56.
57. *La Vie de l'esprit*, II, *Le Vouloir*, Paris, PUF, 1983, p. 183.
58. *La Condition de l'homme moderne*, *op. cit.*, p. 211.

Arendt célèbre dans *La Condition de l'homme moderne* le « génie politique » qui a consisté dans la législation et la fondation (p. 254). Ce sont les Romains, « peuple jumeau » des Grecs, qui ont véritablement donné naissance au monde : « Il y a eu beaucoup de civilisations extraordinairement grandes et riches jusqu'aux Romains, mais ce qui existait entre elles ce n'était pas un monde, mais seulement un désert[59]... » Comment les Romains ont-ils transformé le désert en monde ? Grâce d'une part à la conception d'une politique étrangère, c'est-à-dire d'un ordre politique extérieur aux limites du corps propre d'un peuple ou d'une cité, et grâce à l'instauration de la loi, constitutive du monde. Pour les Grecs en revanche, la politique étrangère ne faisait pas véritablement partie de la politique et la loi fermait l'espace plus qu'elle ne l'ouvrait. Ils concevaient en effet la loi comme une frontière, un rempart, et Arendt rappelle dans *La Condition de l'homme moderne* l'étymologie de *nomos*, *nemein* signifiant répartir, résider, tandis que la *lex* romaine est proprement relation entre les hommes, issue d'un accord, d'une parole donnée (p. 104). Rien ne montre mieux l'opposition de la Grèce et de Rome que leurs attitudes respectives à l'égard du territoire et de la loi, toutes les entreprises tirant dans la conception romaine leur validité et leur légitimité de l'acte fondateur de la ville et de l'établissement des lois qu'elles ne font qu'« augmenter »[60]. Chez Montesquieu, rappelle Hannah Arendt, la loi est également « rapport entre les êtres » du fait même qu'il s'intéressait moins à la « nature du gouvernement » qu'à son « principe »,

---

59. Fragment 3c, p. 170.
60. *La Condition de l'homme moderne*, *op. cit.*, p. 254.

Préface

c'est-à-dire « aux passions humaines qui le font mouvoir »[61]. Ce qui est privé de loi est donc privé de relation, de rapport, donc privé de monde. C'est le désert. Et tel est le danger que nous font courir les régimes totalitaires et les guerres d'anéantissement qui leur correspondent lorsqu'ils ravagent le monde des relations humaines.

Avec la découverte de l'énergie atomique, une limite a été outrepassée, une démesure atteinte : l'équilibre entre le pouvoir de produire et le pouvoir de détruire n'existe plus dans la mesure où le but de la guerre n'est plus, pour reprendre Kant, une paix éventuelle, mais est devenu illimité, les guerres en notre siècle étant devenues des « catastrophes monstrueuses capables de transformer le monde en désert[62] ». Dans *Le Système totalitaire*, Hannah Arendt avait évoqué le « désert de la tyrannie ». Nous avons rappelé toutefois combien elle insiste sur la nouveauté sans précédent du phénomène totalitaire qui ne saurait se comparer à la tyrannie : le désert de la tyrannie est donc autre chose que le désert totalitaire. Qu'est-ce qui les différencie ? L'espace. En effet, « le désert de la tyrannie est encore un espace, non pas vital mais qui laisse place aux mouvements et aux actions qui inspirent la peur et à la suspicion de ses habitants. C'est encore un espace, une garantie de la liberté » (p. 212). En revanche, la terreur totalitaire détruit non seulement la liberté mais également « ce désert de la peur et de la suspicion, la faculté de se mouvoir ». Comment s'y prend-elle ? « En écrasant les hommes les uns contre les autres, la terreur

---

61. *Ibid.*, p.249.
62. Fragment 3d, p. 174. Voir également Fragment 3c, p. 125.

totale détruit l'espace entre eux. Elle substitue un lien de fer qui les maintient si étroitement ensemble que leur pluralité s'est comme évanouie en un Homme unique aux dimensions gigantesques » (p. 211).

Cette substitution de l'Un à partir du multiple, cette destruction de l'espace entre les hommes en quoi consiste proprement le monde, c'est-à-dire le politique, équivaut-elle à renvoyer l'homme à la solitude qui pourrait fournir une clé à l'intelligence du désert ? Il faut ici prêter attention aux nuances lexicales qu'introduit Hannah Arendt. La solitude *(solitude)* en effet n'implique pas que l'on soit seul : la solitude apparaît lorsqu'on est en compagnie, et Arendt se plaît souvent à rappeler comme un leitmotiv le mot de Caton rapporté par Cicéron au livre I du *De Republica* : *« Numquam minus solum esse, quam cum solus esset »*, « il n'était jamais moins seul que lorsqu'il était seul », « il ne se sentait jamais moins seul que lorsqu'il était dans la solitude ». C'est sur cette citation que s'achève *La Condition de l'homme moderne*, c'est sur elle que s'ouvre dans *La Pensée* le chapitre consacré au deux-en-un[63], c'est elle qui annonce dans *Le Système totalitaire* le poème « Sils Maria » qui célèbre la venue de l'ami : « Midi fut, là Un devint Deux [...] Certain de la victoire unie nous célébrons la fête des fêtes ; l'ami Zarathoustra vint, l'hôte des hôtes » (p. 229). Dans la solitude, l'homme est en compagnie de lui-même sans perdre pour autant le contact avec les autres hommes : il n'en a pris que provisoirement congé, tel le philosophe ou l'artiste qui a besoin de moments de solitude, de se retirer du monde, pour pouvoir œuvrer, penser,

---

63. *La Vie de l'esprit*, I, *La Pensée, op. cit.*, p. 204 *sq.*

pour se livrer à la seule activité de la pensée qui « ne requiert et n'implique pas nécessairement d'auditeurs[64] », le dialogue silencieux du moi avec moi. Cette solitude comporte néanmoins ses dangers, qu'Arendt ne manque pas de souligner, lorsque le philosophe oublie de redescendre de sa tour d'ivoire, lorsqu'il omet de penser l'événement. La solitude n'est pas non plus l'isolement *(isolation)*, lequel, à en croire *Le Système totalitaire*, semble être une des priorités des régimes tyranniques qui ont compris que l'on ne peut agir que « de concert », la caractéristique de l'isolement consistant donc dans l'impuissance. Toutefois, dans l'isolement, seules sont brisées les relations politiques entre les hommes : les contacts qui ressortent de la vie privée demeurent intacts. L'isolement est-il également la priorité des régimes totalitaires ? Il est en tout cas « prétotalitaire ». En outre, le totalitarisme étendant son emprise jusque sur la sphère privée, l'isolement se transforme en désolation *(loneliness)* : « Ce que nous appelons isolement dans la sphère politique se nomme désolation dans la sphère des relations humaines » (p. 225). L'isolement peut en outre conduire à la désolation dès lors que l'homme est réduit au statut d'*animal laborans*, dès lors qu'il ne travaille plus que pour assurer sa subsistance et que sa créativité, que son pouvoir d'*homo faber* n'est plus reconnu. La solitude elle aussi, dans la mesure où elle consiste dans l'absence de relation avec autrui, comporte le risque de virer à la désolation : tout de même qu'une pluralité de peuples est nécessaire à assurer la réalité du monde, de même le Moi a besoin de la présence des autres pour lui confirmer son iden-

---

64. *Ibid.*, p. 116 et 143.

tité, faute de quoi il risque de perdre simultanément non seulement la confiance en lui, mais également la confiance dans le monde, la faculté de penser et d'éprouver. La désolation consiste dans le sentiment d'inutilité, de non-appartenance au monde, dans l'abandon par autrui, dans le déracinement, dans le sentiment de se faire défaut à soi-même (le *Ich bleibe mir aus* de Jaspers)[65]. En tant que telle, elle est la condition préliminaire de la superfluité, le fondement de la domination totalitaire, comme l'avaient bien compris les nazis (p. 227-229). Dans la désolation, l'homme est privé non seulement de la compagnie des autres, mais de sa propre compagnie potentielle : « Ce n'est que dans la désolation que me manque la compagnie d'êtres humains, et seule la conscience aiguë d'une telle privation fait réellement exister l'homme au singulier ; de la même façon peut-être, rien en dehors des rêves et de la folie ne fait pleinement comprendre "l'horreur indicible" et insoutenable de cet état[66]. »

Avec l'introduction de la notion de désolation comme caractéristique du désert, nous voici reconduits à l'interprétation heideggérienne de la parole de Nietzsche, « le désert croît » : « Ce qui veut dire : la désolation *(Verwüstung)* s'étend. Désolation est plus que destruction *(Zerstörung)*. Désolation est plus sinistre *(unheimlicher)* qu'anéantissement *(Vernichtung)*. La destruction abolit seulement ce qui a crû et qui a été édifié jusqu'ici. Mais la désolation barre l'avenir à la croissance et empêche toute édification [...] [l'anéantissement] lui aussi abolit, et même encore le rien, tandis

---

65. *Ibid.*, p. 210.
66. *VE.*, I, p. 91.

que la désolation cultive précisément et étend tout ce qui garrotte et tout ce qui empêche. Le Sahara en Afrique n'est qu'une forme de désert. La désolation de la terre peut s'accompagner du plus haut standing de vie de l'homme, et aussi bien de l'organisation d'un état de bonheur uniforme de tous les hommes. La désolation peut être la même chose dans les deux cas et tout hanter de la façon la plus sinistre, à savoir en se cachant [67]... »

Du désert de la tyrannie au désert totalitaire, un moyen a été découvert pour « mettre le désert en mouvement », affirme Hannah Arendt dans *Le Système totalitaire* (p. 231). Ce mouvement se concrétise dans ce qu'elle baptise les « tempêtes de sable [68] » qui menacent nos conditions d'existence politique. Au désert, plusieurs dangers nous guettent. Le premier ne consiste pas tant dans l'édification d'un monde permanent, car la domination totalitaire tout comme la tyrannie recèlent les germes de leur propre destruction, que bien plutôt dans une dévastation *(Verwüstung)* du monde. Le second danger consiste en ce que nous nous sentions si bien dans des conditions de vie désertique, grâce aux moyens d'adaptation que nous fournirait la psychologie moderne, que nous en perdions jusqu'à l'espoir de rendre à nouveau le monde humain. Hannah Arendt n'est pas tendre à l'égard de la psychologie, et encore moins à l'égard de la « psychologie des profondeurs », la psychanalyse, dont elle stigmatise « l'uniformité monotone et la laideur envahissante des découvertes [69] ».

---

67. *Qu'appelle-t-on penser?*, *op. cit.*, p. 36.
68. Fragment 4, p. 188.
69. *La Vie de l'esprit*, *op. cit.*, I, p. 51

La psychologie, tout comme la physiologie et la médecine, doit en effet abolir les différences entre les hommes pour pouvoir se constituer en tant que science. Son présupposé est : « Ils sont tous semblables. » La psychologie est donc réductrice, elle ne s'intéresse pas à l'apparence, elle gomme la richesse et la variété des manifestations de l'amour, par exemple, pour ne retenir que la pulsion sexuelle, toujours identique, au niveau des organes reproducteurs. Comment comprendre qu'elle soit la science adaptée aux conditions de vie dans le désert ? Si le désert équivaut aux conditions de vie sous les régimes totalitaires, s'y sentir bien ne pourrait donc signifier qu'y être indifférent, soit fuir le domaine de la politique, avoir renoncé aux deux facultés en nous susceptibles de transformer le désert (sinon nous-mêmes) : la faculté de pâtir et la faculté d'agir, celle de juger et de condamner [70]. Le danger ici nommé est celui de la déshumanisation totale : les régimes totalitaires privent non seulement l'homme de la compagnie de ses semblables, donc de sa possibilité d'agir dans le cours du monde, mais ils le dépossèdent également de son « besoin » de penser, témoin Eichmann dont le procès fut, de l'aveu d'Arendt, le point de départ de *La Vie de l'esprit*. Quand la pensée est défaillante, du même coup, disparaît la faculté de distinguer ce qui est bien de ce qui est mal [71].

Le dernier danger consiste paradoxalement dans l'existence d'« oasis », tous les domaines de la vie qui existent indépendamment ou presque des circonstances politiques [72]. Si les oasis ne subsistaient pas intactes,

---

70. Fragment 4, p. 187.
71. *La Vie de l'esprit, op. cit.*, I, p. 19.
72. Fragment 4, p. 188.

« nous ne saurions plus comment respirer ». Ce couple métaphorique du désert et de l'oasis apparaît à diverses reprises sous la plume d'Arendt, et notamment dans sa Correspondance avec Jaspers pour désigner une première fois la Californie, où Hannah Arendt après avoir refusé la chaire de professeur qu'on lui offrait à Berkeley se rendit toutefois en 1955 pour y enseigner pendant un an. Rendant compte de son voyage à Jaspers dans des termes enthousiastes, « je suis parvenue à la pointe extrême de notre monde occidental, au point précis où l'Orient (la Chine) ne se trouve plus à l'Est mais à l'Ouest [73] », elle qualifie la Californie de « désert sublime, le plus sublime de tous les déserts [74] ». L'appréciation n'est évidemment pas géographique mais concerne bien plutôt la vie intellectuelle de l'université de Berkeley que Hannah Arendt trouve « passablement endormie. La philosophie a versé dans la sémantique – et de plus dans une sémantique de troisième ordre [75] ». Arendt, détestant les « cliques et les factions », se sentira à Berkeley comme une paria, allant jusqu'à écrire à Blücher qu'elle comprend « comment les gens deviennent ici spirituellement *meschugge* [76] ». Elle découvrira pourtant de véritables oasis dans le désert californien, dans la figure d'un docker de San Francisco, grand lecteur d'Arendt et de Jaspers, auteur à ses heures, qui

---

73. Hannah Arendt-Karl Jaspers, *Correspondence, 1926-1969*, Harcourt Brace Jovanovitch, New York, San Diego, Londres, 1992, lettre n° 162 du 6 février 1955, p. 251.
74. *Ibid.*, lettre n° 165 du 26 mars 1955, p. 257.
75. *Ibid.*, lettre n° 162 du 6 février 1955, p. 252.
76. A Blücher, 12 février 1955, L.-C., cité par E. Young Bruehl, *Hannah Arendt*, Paris, Anthropos, 1986, trad. J. Roman, E. Tassin, préface d'O. Mongin, p. 385.

lui fit visiter San Francisco « comme un roi l'aurait fait de son royaume pour un hôte de marque » et qui ne travaille que trois ou quatre jours par semaine De cet homme, allemand d'origine mais qui ne connaît pas l'allemand, Arendt affirme qu'il incarne ce que ce pays peut offrir de meilleur. Elle rencontrera une autre oasis en la personne de sa voisine, une étudiante en doctorat, déracinée et issue d'un milieu défavorisé, dont la chambre est bourrée de livres de philosophie [77]. Arendt prenant bien soin de préciser que les oasis ne sauraient s'assimiler à la *relaxation*, à la détente, aux loisirs, pourrions-nous dire, celles-ci semblent bien plutôt représenter ici le monde de la culture, le monde de la pensée, d'une pensée qui n'est pas réservée au philosophe, qui n'est pas la « vie de l'étranger », le *bios xenikos* par où Aristote désignait dans sa *Politique* les philosophes, les penseurs de profession, mais d'une pensée dont chacun éprouve le besoin, comme incursion « en dehors de l'ordre [78] ». Si la pensée est hors de l'ordre, c'est parce que « la quête de la signification ne produit aucun résultat final qui survive à l'activité et conserve un sens quand elle s'achève [79] ». L'introduction à *La Vie de l'esprit* était tout entière placée sous le sceau de *Qu'appelle-t-on penser ?*. Le couple métaphorique utilisé par Hannah Arendt se laisserait ainsi appréhender comme un mot d'ordre, constant dans son œuvre, de va-et-vient entre la pensée et l'action, et comme une exigence de goût, savoir choisir sa compagnie parmi les vivants et les morts. Les oasis sont le

---

77. *Correspondence*, *op.cit.*, lettre n° 165 du 26 mars 1955, p. 257-258.
78. *La Vie de l esprit*, I, *op. cit.*, p. 95
79. *Ibid.*, p. 144

Préface

monde où l'on peut s'isoler provisoirement, la tranquillité contemplative de la vie « au désert » qui permet de reprendre souffle avant de retourner à la vie active « laborieuse [...] vouée à la nécessité d'un voisinage[80] » : elles sont des « fontaines de vie ». Elles sont ce pays duquel Paul Celan – que Hannah Arendt n'a pas connu, elle qui aimait tant les poètes – se voulait originaire : « Le pays d'où je viens [...] une contrée dans laquelle vivaient des hommes et des livres[81]. » Peut-être peut-on également rapprocher cette affirmation de celle de Heidegger à la fin de son commentaire de la parole de Nietzsche, « Le désert croît » : « La désolation est à sa cadence maxima, le bannissement de Mnemosyne [...] d'où sourd la poésie. La poésie, ce sont donc les eaux qui parfois courent à rebours vers la source, vers la pensée comme pensée fidèle[82]. » Pour Hannah Arendt également, la poésie est de tous les objets de pensée le plus proche de la pensée, le poème relevant plus de l'œuvre d'art que de l'objet, même s'il doit subir le processus de la réification, devenir une chose tangible pour soutenir la mémoire[83]. La poésie, la « vraie langue », qu'évoquent Scholem et Benjamin, l'art pour nous sauver du désert. C'est bien ce que semblent confirmer les notes manuscrites d'Arendt[84] : « Les seuls à croire au monde sont les artistes. La persistance de l'œuvre d'art reflète le caractère persistant du monde... »

---

80. *Ibid.*, p. 21 et également p. 86 : « La pensée est la seule activité qui n'ait besoin que d'elle-même pour s'exercer. »
81. Discours de Brême, 1958, *Gesammelte Werke*, Francfort-sur-le-Main, Suhrkamp, 1983. 3, p. 185.
82. *Qu'appelle-t-on penser ?*, *op. cit.*, p. 36.
83. *La Condition de l'homme moderne*, *op. cit.*, p. 225-226.
84. Voir la première édition de cet ouvrage, *op. cit.*, p. 198.

Toutefois si les oasis sont des « fontaines de vie » qui nous permettent de supporter la vie dans le désert, sans pour autant « nous réconcilier avec lui[85] », en quoi constituent-elles elles-mêmes une menace ? Leur danger consiste précisément en ce que l'homme, non content de s'y ressourcer, y cherche « refuge » et, ce faisant, les anéantisse. La fuite hors du désert vers les oasis comporte le risque d'ensablement des oasis : « Lorsque nous partons de l'art, des oasis, pour nous aventurer dans le désert, ou plus exactement pour refouler le désert, nous pouvons toujours nous référer à Kant dont la véritable philosophie politique se trouve dans la *Critique de la faculté de juger* et a jailli du phénomène du Beau[86]. » Le désert et les oasis sont tout aussi intimement liés que « le monde vrai » et « le monde des apparences » dont parlait Nietzsche dans *Le Crépuscule des idoles* que Hannah Arendt, après Heidegger, commente : « Toute pensée qui englobe deux mondes implique qu'ils soient indissociablement liés[87] », si l'un s'effondre, nous perdons tous nos repères. Le danger consisterait donc à « entraîner le monde dans le déplacement, c'est-à-dire à transformer les oasis en désert[88] ». L'image du sable peut encore évoquer une ballade de Paul Celan écrite en 1942 à Czernowitz, « Ballade von der erloschenen Welt[89] » : c'est la vision d'un monde sans vie, d'un sable qui a recouvert toute

---

85. Fragment 4, p. 189.
86. Voir la première édition de cet ouvrage, *op. cit.*, p. 200.
87. *La Vie de l'esprit*, *op. cit.*, I, p. 26.
88. Voir la première édition de cet ouvrage, *op. cit.*, p. 198.
89. Poème inédit, collection d'Alfred Kittner, cité par Amy Colin, *Holograms of Darkness*, Indiana University Press, 1991, p. 62-63.

vie, toute civilisation, et dont plus rien ne subsiste à l'exception de tentes, refuge des Bédouins et des Juifs qui ont erré autrefois à travers le désert après la fuite d'Égypte. On la retrouve dans « Edgar Jené et le rêve du rêve » (1948) où le poète compare le monde dévasté par la guerre à une tente de sang, vision d'un monde après l'exode, après une guerre atomique, lorsque rien ne subsiste plus de l'humanité que son ombre.

Les régimes totalitaires et la bombe atomique font peser une menace telle sur l'humanité que se pose la question de savoir si la politique qui doit avoir le monde pour souci a « finalement encore un sens[90] ». A cette question, il semble bien que l'humanité réponde aujourd'hui par l'*apolitia*, le devenir-indifférent à la politique, l'espoir effrayant de se débarrasser de la politique, qui équivaut à renoncer à la pensée et au jugement, à la lutte pour rendre à nouveau le monde humain. En redoutant d'autre part que la fuite salutaire vers les oasis ne comporte le danger que nous nous y réfugiions à tout jamais, il semble que Hannah Arendt brosse à nouveau le portrait du juif paria pour lequel elle a tant de tendresse mais dont elle n'a de cesse de dénoncer l'acosmisme. Rappelons en effet que d'après la typologie du paria dans *La Tradition cachée*, K., le héros du *Château*, contrairement au *schlemihl* de Heine et de Chaplin qui ont choisi la fuite, l'évasion hors d'un monde qui de toute façon les rejette, affronte bien le monde et tente de le comprendre. Le transformer dépasse toutefois les forces humaines : « Car ce dessein, le plus modeste qui soit, réaliser les droits de l'homme est précisément, en raison de sa simplicité et

---

90. Fragment 3a, p. 63.

de sa radicalité, le plus grand et le plus difficile dessein que les hommes puissent se proposer. Car c'est seulement au sein d'un peuple qu'un homme peut vivre en tant qu'homme parmi les hommes s'il ne veut pas mourir d'épuisement[91]. » Hannah Arendt appelle, à la suite de Bernard Lazare, le seul d'entre eux à avoir su penser consciemment sa condition – en affirmant « Je suis un paria » –, le seul à avoir compris qu'il fallait avoir le courage de s'exposer et d'« endurer », à entrer sur la scène du monde politique, à agir en rebelle les armes à la main, pour transformer, c'est-à-dire révolutionner le monde, car un peuple ne peut accéder à la réalité et à la plénitude de son existence qu'en se confrontant à la pluralité des nations.

Dès lors que l'humanité est confrontée à l'absence de monde, à la menace non seulement qu'il n'y ait plus rien, mais qu'il n'y ait plus personne, c'est-à-dire au nihilisme, les questions « fondamentales de la métaphysique[92] » – Pourquoi y a-t-il quelque chose plutôt que rien ? Pourquoi y a-t-il quelqu'un plutôt que personne ?[93] – ne peuvent manquer de se poser. Hannah Arendt rappelle dans *La Vie de l'esprit* que la première de ces questions se trouvait déjà chez Leibniz, et que Schelling, pour lequel elle constituait la « question la plus désespérante », estima que « la seule réponse entièrement valide à la question […] n'est pas un quelque chose, mais le Tout ou Dieu[94] ». Toutefois, la

---

91. *La Tradition cachée, op. cit.*, p. 220.
92. Heidegger, « Qu'est-ce que la métaphysique ? » in *Questions I*, Paris, Gallimard, 1968, trad. H. Corbin.
93. Fragment 4, p. 191.
94. *Werke*, 6, éd. M. Schröetr, Munich, Ergänzungband, 1954, p. 7.

modernité ayant résolument rejeté la croyance en Dieu, se peut-il que la seule réponse possible à cette question soit désormais – comme en atteste le héros de *La Nausée* sartrienne face à l'opacité de l'existence – « l'absence de sens », le passage de l'Être au Néant, la disparition de l'admiration *(thaumazein)* à l'origine de la philosophie ? Hannah Arendt rappelle [95] les autres réponses proposées à la question, celles de Spinoza, de Kant, de Hegel, mais surtout celles de Nietzsche et de Heidegger qui, par la doctrine de l'Éternel Retour et l'assimilation de *denken* à *danken* sont autant de manières d'acquiescer, de dire oui, de rendre grâce au caractère factuel de l'existence, d'aimer le monde. Si ces questions sont « antinihilistes [96] », c'est parce qu'elles n'atteignent pas notre *capacité* de penser : l'homme « a le goût et peut-être le besoin de penser [97] ». L'idéal étant, à la manière de Descartes, d'aborder chaque sujet à nouveau frais, libéré du poids de la tradition – promesse dont est porteur tout nouveau venu au monde – et d'« "exiger" de tout être sain » qu'il exerce son pouvoir de penser dont dépend la capacité de distinguer le bien du mal. *Ne recommençons pas la guerre de Troie*, avertit Hannah Arendt à la suite de Simone Weil [98], ne recommençons pas une guerre dont l'objectif serait indéfinissable, dont l'enjeu n'aurait même plus Hélène pour symbole. Toutefois, si aucune des expériences fondamentales que l'Occident a faites de la politique, « la *polis*, la *res publica*, l'exil

---

95. *La Vie de l'esprit*, I, *op. cit.*, p. 169-172.
96. Fragment 4, p. 191.
97. *La Vie de l'esprit*, I, *op. cit.*, p. 27.
98. *Œuvres complètes,* Écrits historiques et politiques, II, vol. 3. *Vers la guerre* (1937-1940), Paris, Gallimard, 1989, p. 49.

(Moïse) [99] », ne peut être répétée, et si d'autre part nous avons résolu les problèmes vitaux, la question se pose : « Que faire maintenant ? » La réponse est : fonder un monde où nous soyons libres d'agir et de penser. « Un monde nouveau a besoin d'une nouvelle politique », disait déjà Tocqueville, que Hannah Arendt aime à citer.

Sylvie Courtine-Denamy

---

99. Voir la première édition de cet ouvrage, *op. cit.*, p. 200.

Textes de Hannah Arendt

1

Qu'est-ce que la politique ?

Fragment 1

Août 1950

Qu'est-ce que la politique ?

1. La politique repose sur un fait : la pluralité humaine. Dieu a créé *l*'homme, *les* hommes sont un produit humain, terrestre, le produit de la nature humaine. C'est parce que la philosophie et la théologie s'occupent toujours de *l*'homme, parce que toutes leurs déclarations seraient exactes quand bien même n'y aurait-il qu'un seul homme ou seulement deux hommes, ou uniquement des hommes identiques, qu'elles n'ont jamais trouvé aucune réponse philosophiquement valable à la question : qu'est-ce que la politique ? Pis encore : pour toute pensée scientifique, aussi bien en biologie qu'en psychologie, en philosophie qu'en théologie, seul *l*'homme existe, de même qu'en zoologie il n'y a que *le* lion. Autrement dit, les lions au pluriel seraient une affaire qui n'intéresserait que les lions.

Chez tous les grands penseurs – y compris Platon –

la différence de niveau entre les philosophies politiques et le reste de leur œuvre saute aux yeux. La politique ne parvient jamais à la même profondeur. Le sens de la profondeur qui fait défaut n'est rien d'autre qu'un sens défaillant pour la profondeur dans laquelle est ancrée la politique.

2. La politique traite de la communauté et de la réciprocité d'êtres *différents*. Les hommes, dans un chaos absolu ou bien à partir d'un chaos absolu de différences, s'organisent selon des communautés essentielles et déterminées. Tant que l'on édifie des corps politiques sur la structure familiale et qu'on les comprend à l'image de la famille, les degrés de parenté valent comme ce qui d'un côté peut relier les êtres les plus différents *et*, d'un autre côté, comme ce par quoi des formations semblables par les individus peuvent se séparer les unes des autres et les unes par rapport aux autres.

Dans cette forme d'organisation, la diversité originelle est d'autant plus efficacement anéantie que l'égalité essentielle de tous les hommes est détruite dès lors qu'il s'agit de *l'*homme. Dans les deux cas, la ruine de la politique résulte du fait que les corps politiques se développent à partir de la famille. Ici se trouve déjà sous-entendu ce qui va devenir un symbole dans l'image de la Sainte Famille, à savoir l'opinion selon laquelle Dieu n'a pas tant créé l'homme qu'il a créé la famille.

3. Dans la mesure où l'on reconnaît dans la famille plus que la participation, j'entends la participation active à la pluralité, on commence par jouer le rôle de Dieu, c'est-à-dire à faire comme si l'on pouvait *naturaliter* sortir du principe de la diversité. Au lieu de créer un homme, on tente de créer *l'*homme à sa propre image.

Mais en termes pratico-politiques, cela signifie que la famille acquiert la signification bien ancrée qui est la sienne uniquement du fait que le monde est ainsi organisé qu'elle ne fait pas sa place à l'individu, c'est-à-dire à celui qui est absolument différent. Les familles sont fondées à l'image de refuges, de solides châteaux forts, dans un monde inhospitalier et étranger dans lequel dominent les affinités fondées sur la parenté. Ce désir d'affinités conduit à la perversion principielle du politique[1] parce qu'il supprime la qualité fondamentale de la pluralité ou plutôt parce qu'il la perd en introduisant le concept d'alliance.

4. *L'*homme, tel que l'entendent la philosophie et la théologie, n'existe – ou ne se réalisera – dans la politique que s'il bénéficie des mêmes droits qui sont garantis aux individus les plus différents. Dans cette garantie librement consentie et dans la satisfaction d'une même exigence juridique, on reconnaît que la pluralité des hommes – pluralité qu'ils ne doivent qu'à eux-mêmes – doit son existence à la création de *l'*homme.

5. La philosophie a deux bonnes raisons de ne jamais trouver le lieu de naissance de la politique. La première est :

1) Le *zoon politikon*[2] : comme s'il y avait *en* l'homme quelque chose de politique qui appartiendrait à son essence. C'est précisément là qu'est la difficulté ;

---

1. *Das Politische :* Comme le remarque l'éditeur, Ursula Ludz, à la note 56 de son Commentaire, voir la première édition de cet ouvrage, *op. cit.*, p. 186, Hannah Arendt utilise indifféremment les deux termes *Politik*, entendue comme pratique politique, et *das Politische* entendu comme critère du jugement, comme catégorie du « politique » *[N.d. T.]*.
2. En grec dans l'original.

*l'*homme est a-politique. La politique prend naissance dans l'*espace-qui-est-entre-les* hommes, donc dans quelque chose de fondamentalement *extérieur-à-l'*homme. Il n'existe donc pas une substance véritablement politique. La politique prend naissance dans l'espace intermédiaire et elle se constitue comme relation. C'est ce que Hobbes avait compris.

2) La représentation monothéiste de Dieu – (du Dieu) à l'image duquel l'homme est censé avoir été créé. A partir de là, seul *l'*homme peut exister, *les* hommes n'étant qu'une répétition plus ou moins réussie du Même. C'est l'homme créé à l'image du Dieu unique et solitaire qui est le présupposé du *« state of nature as the war of all against all »* (« l'état de nature comme guerre de tous contre tous ») de Hobbes. C'est une guerre de rébellion de chacun contre tous les autres, qui deviennent haïssables parce que leur existence est insignifiante – insignifiante aux yeux de l'homme créé à l'image du Dieu unique et solitaire.

L'Occident a essayé de sortir de cette impossibilité de la politique à l'intérieur du mythe occidental de la création, en métamorphosant ou en substituant l'histoire à la politique. Grâce à la représentation d'une histoire mondiale, la multiplicité des hommes est fondue en *un* individu humain qu'on nomme l'Humanité. D'où le caractère monstrueux et inhumain de l'histoire, caractère qui ne transparaît qu'à la fin de l'histoire et de manière complète et brutale dans la politique elle-même.

6. Il est extrêmement difficile de prendre conscience [3] qu'il existe véritablement un domaine où nous devons

---

3. Hannah Arendt utilise ici *realisieren* pour *sich vorzustellen*, se représenter. (En anglais *to realize*.)

Qu'est-ce que la politique ? 43

être libres, c'est-à-dire où nous ne nous sentions ni livrés à nos impulsions ni dépendants de quoi que ce soit de matériel. Il n'y a de liberté que dans l'espace intermédiaire propre à la politique. Pour échapper à cette liberté, nous nous précipitons dans la « nécessité » historique, ce qui est une absurdité épouvantable.

7. Il se pourrait fort bien que la tâche de la politique consistât à édifier un monde qui, à dire vrai, serait aussi transparent que l'est la création divine. Au sens du mythe judéo-chrétien, cela voudrait dire que *l'*homme, fait à l'image de Dieu, a conservé la force productive pour organiser *les* hommes à l'image de la création divine. C'est probablement un non-sens. Mais ce serait la seule démonstration et justification possible de l'idée de la loi naturelle.

C'est dans la diversité absolue de chaque homme l'un par rapport à l'autre, qui est plus importante que la relative diversité des peuples, des nations ou des races, c'est dans la pluralité qu'est contenue la création de *l'*homme par Dieu. Mais c'est précisément ce dont la politique n'a rien à faire. La politique organise d'emblée des êtres absolument différents en considérant leur égalité *relative* et en faisant abstraction de leur diversité *relative*.

2

Introduction à la politique I

Fragment 2a

Chapitre I : Les préjugés

1. Le préjugé à l'encontre de la politique et ce qu'est réellement aujourd'hui la politique. Si l'on veut parler de politique aujourd'hui, il faut commencer par les préjugés que nous nourrissons tous à l'égard de la politique dans la mesure où, précisément, nous ne sommes pas des professionnels de la politique. De tels préjugés, que nous partageons tous, représentent eux-mêmes un facteur politique, au sens le plus large du mot : ils ne proviennent pas de l'orgueil des gens cultivés et ne sont pas imputables au cynisme de ceux qui ont vécu trop d'événements et trop peu compris de choses. Nous ne pouvons pas les ignorer parce qu'ils se mêlent à nos propres mots et nous ne pouvons pas les combattre à l'aide d'arguments parce qu'ils peuvent se réclamer de réalités indéniables et qu'ils reflètent fidèlement la situation actuelle effective précisément dans ses aspects politiques. Cependant ces préjugés ne sont pas de véritables jugements. Ils indiquent que nous sommes par-

venus à une situation dans laquelle nous ne nous comprenons pas politiquement, où nous ne nous mouvons précisément pas encore de façon politique. Le danger consiste en ce que le politique disparaisse complètement du monde. Mais les préjugés anticipent, ils jettent le bébé avec l'eau du bain, ils substituent la politique à ce qui pourrait constituer une fin pour la politique et proposent ce qui pourrait être une catastrophe comme si cela était inscrit dans la nature des choses et par conséquent inéluctable.

[Derrière les préjugés contre la politique, on trouve aujourd'hui – c'est-à-dire depuis l'invention de la bombe atomique – la peur que l'humanité elle-même puisse être balayée du monde à cause de la politique et des moyens violents dont elle dispose et, étroitement lié à cette peur, l'espoir que l'humanité se rendra à la raison et qu'elle se débarrassera plutôt de la politique que d'elle-même [1]] et que, grâce à un gouvernement mondial qui résorbe l'État en une machine administrative, les conflits politiques se régleront de façon bureaucratique, les armées étant remplacées par des forces de police. Mais cet espoir est complètement utopique si l'on entend par politique, comme c'est souvent le cas, une relation entre dominants et dominés. De ce point de vue, plutôt qu'à une disparition du politique, nous aboutirions à une forme de gouvernement despotique encore plus monstrueuse, au sein de laquelle l'abîme entre dominants et dominés se creuserait de façon si énorme qu'aucune forme de rébellion et encore moins de contrôle des dominants par les dominés ne serait

---

1. Passage entre crochets biffé dans l'original et non remplacé. Il sera repris presque mot pour mot dans le Fragment 3b.

plus possible. Ce caractère despotique ne serait nullement modifié du fait qu'on ne pourrait plus dénoncer personne, plus aucun despote, derrière ce gouvernement du monde ; car la domination bureaucratique, la domination à travers l'anonymat de la bureaucratie, n'est pas moins despotique du fait que « personne » ne l'exerce ; au contraire, elle est encore plus effroyable car on ne peut ni parler ni adresser de réclamation à ce « Personne [2] ». Par contre, si l'on entend par politique un domaine du monde dans lequel les hommes pénètrent tout d'abord en tant qu'acteurs et octroient aux affaires humaines une durabilité à venir qu'elles ne pourraient pas obtenir autrement, l'espoir n'a plus rien d'utopique. Il est souvent arrivé au cours de l'histoire qu'on se débarrasse des hommes en tant qu'acteurs, non seulement à l'échelle mondiale – que ce soit sous la forme, qui nous paraît aujourd'hui démodée, de la tyrannie, dans laquelle la volonté d'un homme exigeait que la voie soit libre, ou que ce soit sous la forme moderne de la domination totalitaire, dans laquelle on voudrait libérer les « forces historiques » et les processus prétendument supérieurs et les plus impersonnels en rendant les hommes esclaves d'elles. Le caractère véritablement non politique au sens radical de cette forme de domination se manifeste précisément dans la dynamique spécifique qu'elle déchaîne, dans laquelle toute chose et toute personne qui hier encore passait pour « grande » peut aujourd'hui sombrer dans l'oubli

---

2. Voir sur ce point la superbe lecture que propose Hannah Arendt du *Procès* et du *Château* de Kafka in « Franz Kafka : a Re-evaluation », *Partisan Review*, 11/4, automne 1944, p. 412-422 ; trad. fr. S. Courtine-Denamy, « Franz Kafka » in *La Tradition cachée*, Paris, Christian Bourgois, 1987, p. 96-121 *[N.d. T]*.

et, si le mouvement continue sur sa lancée, doit même nécessairement sombrer dans l'oubli. Ce qui n'est précisément pas fait pour apaiser notre inquiétude, car force est bien de constater que, dans les démocraties de masse, en l'absence de toute terreur, et pour ainsi dire de manière spontanée, se manifeste une impuissance similaire des hommes, tandis que prend également place un retournement tout aussi durable du processus de consommation et d'oubli quand bien même ces phénomènes, dans le monde libre et non terrorisé, demeurent-ils limités à la politique et à l'économie au sens étroit des termes.

Mais les préjugés contre la politique – l'idée que la politique en son fond est un tissu de mensonges et d'impostures au service d'intérêts sordides et d'une idéologie encore plus sordide, tandis que la politique étrangère oscille entre la pure propagande et la violence brutale – sont des faits beaucoup plus anciens que la découverte d'instruments au moyen desquels on peut détruire toute vie organique sur terre. En ce qui concerne la politique intérieure, ces préjugés sont au moins aussi anciens que la démocratie parlementaire – c'est-à-dire qu'ils ont plus de cent ans –, laquelle a prétendu représenter le peuple pour la première fois dans l'histoire moderne, même si celui-ci n'a jamais été dupe. En ce qui concerne la politique étrangère, son émergence s'est produite au cours de ces premières décennies d'expansion impérialiste, au tournant du siècle dernier, au moment où l'État Nation a commencé à vouloir asseoir la domination européenne sur la terre tout entière, et ce non à la demande de la nation, mais bien en vertu d'intérêts économiques nationaux. Mais le point culminant du préjugé le plus courant aujourd'hui à l'encontre de la politique consiste dans la fuite dans l'impuissance, dans le vœu désespéré d'être avant tout débarrassé de la capacité d'agir, alors qu'autrefois ce préjugé et ce privilège ne concernaient qu'une petite clique qui pensait, avec lord Acton, que le pouvoir corrompt et qu'*a fortiori* posséder le pouvoir absolu est synonyme de corruption absolue[3]. Personne n'a vu aussi clairement que Nietzsche, dans sa tentative de réhabiliter la puissance, que cette condamnation de la puissance correspondait nécessairement aux vœux inexprimés des masses. C'est également lui qui, conformément à l'esprit de l'époque, a substitué, et en un sens identifié, la puissance – qu'aucun individu isolé ne peut détenir, car elle ne trouve son origine que dans l'action commune de plusieurs – à la violence, dont un individu peut en revanche s'emparer.

Fragment 2b

Chapitre I : Les préjugés

Préjugé et Jugement[4]
Si l'on veut parler de politique à notre époque, on doit commencer par les préjugés que nous nourrissons

---

3. John Emerich Edward Dalberg Acton dans une lettre à Mandell Greighton du 5 avril 1887 : « Le pouvoir tend à corrompre et le pouvoir absolu corrompt absolument », in *Essays on Freedom and Power*, choix de textes et introduction de Gertrude Himmelfarb, Glencoe (Ill.), Free Press, 1948, p. 364.
4. Correction manuscrite : Le préjugé contre la politique.

tous à l'encontre de la politique dans la mesure où nous ne sommes précisément pas des professionnels de la politique. Car les préjugés que nous partageons tous, qui sont pour nous des évidences et auxquels nous pouvons nous référer mutuellement dans la conversation sans être pour autant obligés de nous en expliquer préalablement en détail, représentent eux-mêmes quelque chose de politique au sens le plus général du mot, à savoir quelque chose qui fait partie intégrante du domaine des affaires humaines dans lequel nous nous mouvons quotidiennement. Il n'y a nul besoin de déplorer le fait que les préjugés jouent un aussi grand rôle dans la vie quotidienne et de ce fait en politique, et il ne faudrait en aucun cas tenter de modifier la situation. Car aucun homme ne peut vivre sans préjugés, et ce non seulement parce que aucun homme n'est assez avisé ni doué d'une capacité de discernement suffisante pour juger tout ce qui est nouveau, tout ce à propos de quoi on lui demanderait de prononcer un jugement au cours de son existence, mais également parce qu'une telle absence de préjugés exigerait une vigilance surhumaine. Certes la politique a toujours et partout eu affaire à l'élucidation et à la destruction des préjugés, ce qui ne signifie pourtant pas que sa tâche consiste d'une manière générale à éduquer à l'absence de préjugés, ni que ceux-là mêmes qui s'efforcent à une telle émancipation des préjugés en soient eux-mêmes totalement libres. C'est le degré de vigilance et d'ouverture au monde qui détermine le niveau politique et la physionomie générale d'une époque, mais l'on ne saurait imaginer une époque où les hommes ne retomberaient pas dans leurs préjugés et ne leur accorderaient pas foi, s'agissant de vastes domaines de jugement et de décision.

Évidemment, cette justification du préjugé comme critère du jugement est limitée à la vie quotidienne. Elle ne vaut tout d'abord que pour les véritables préjugés, c'est-à-dire ceux qui ne prétendent pas être des jugements. Les véritables préjugés se reconnaissent généralement au fait qu'ils se réclament naïvement d'un « on dit », « on pense », sans qu'une telle référence ait naturellement besoin d'être explicitement énoncée. Les préjugés ne sont pas des idiosyncrasies personnelles qui, quand bien même serait-ce toujours de façon indémontrable, renvoient cependant à une expérience personnelle qui leur confère l'évidence de perceptions sensibles. Les préjugés n'ont jamais une telle évidence, pas même pour ceux qui y sont soumis, parce qu'ils ne sont fondés sur aucune expérience. C'est la raison pour laquelle ils peuvent, n'ayant pas de lien avec la personne, très facilement rencontrer l'adhésion d'autres personnes sans même devoir se plier aux exigences de la persuasion. Tel est ce qui distingue le préjugé du jugement avec lequel il a par ailleurs en commun que les hommes se reconnaissent en lui et éprouvent leur commune appartenance, de telle sorte que l'homme qui est esclave des préjugés est au fond toujours assuré d'une influence, tandis que ce qui relève de la pure idiosyncrasie ne s'affirme que très difficilement dans l'espace publico-politique et ne vaut que dans la sphère intime du privé. Le préjugé joue par conséquent un grand rôle dans le domaine purement social ; il n'existe pratiquement pas de formation sociale qui ne s'appuie plus ou moins sur les préjugés, en fonction desquels certaines catégories d'hommes sont acceptées et d'autres rejetées. Plus un homme est libre de tout préjugé, moins il sera adapté à la vie purement sociale. Mais c'est qu'à l'intérieur de la société, nous ne prétendons pas non plus juger, et ce renoncement au jugement, cette substitution des préjugés aux jugements ne devient véritablement dangereuse que lorsqu'elle s'étend au domaine politique dans lequel, d'une manière générale, nous ne pouvons pas nous mouvoir sans jugement, puisque, comme nous le verrons par la suite, la pensée politique est essentiellement fondée sur la faculté de juger[5].

L'une des raisons de l'efficacité et du danger des préjugés consiste en ce qu'une partie du passé se cache toujours en eux. Si on y regarde de plus près, on peut en outre reconnaître un véritable préjugé du fait qu'en lui se dissimule également un jugement qui a été formulé dans le passé, qui possédait originellement en lui un fondement d'expérience légitime et adéquat, et qui n'est devenu un préjugé que parce qu'il a réussi à se faufiler au cours du temps sans qu'on s'en aperçoive ni qu'on y prenne garde. De ce point de vue, le préjugé se distingue du simple bavardage qui ne survit pas à la journée ou à l'heure de la conversation où les opinions et les jugements les plus hétérogènes se font entendre et se succèdent comme dans un kaléidoscope. Le danger du préjugé consiste précisément en ce qu'il est à proprement parler toujours – c'est-à-dire de manière extraordinairement solide – ancré dans le passé, et c'est la

---

5. Hannah Arendt ne s'est pas davantage expliquée sur la faculté de jugement dans ces manuscrits. Mais il est clair que la thèse qu'elle devait par la suite si fermement soutenir, à savoir que « la pensée politique consiste essentiellement dans la faculté de juger », se trouve ici formulée. Voir également sur ce point le Fragment 3c, p. 144 *sq.*, et, dans la première édition de cet ouvrage, *op. cit.*, p. 200 en Appendice ainsi que la note 66 de la IIe partie, p. 188 de cette même édition.

raison pour laquelle non seulement il précède le jugement en l'entravant, mais encore il rend impossible à l'aide du jugement toute véritable expérience du présent. Si l'on veut détruire les préjugés, il faut toujours en premier lieu retrouver les jugements passés qu'ils recèlent en eux, c'est-à-dire en fait mettre en évidence leur teneur de vérité. Si l'on n'en tient pas compte, des bataillons entiers de lecteurs éclairés, des bibliothèques entières de publications ne serviront à rien, comme le montrent clairement les efforts à peu près infinis et infiniment infructueux relatifs à des problèmes surchargés de préjugés du plus ancien style, comme le problème noir aux États-Unis ou le problème juif.

C'est parce que le préjugé précède le jugement en même temps qu'il se réclame du passé que sa légitimité temporelle est limitée aux époques historiques qui, quantitativement parlant, constituent la majeure partie de l'histoire – c'est-à-dire celles où la nouveauté est relativement rare et où ce qui est ancien, tant dans la structure sociale que politique, prévaut. Dans l'usage courant, le mot jugement a deux significations qu'il convient de distinguer l'une de l'autre, même si elles s'interpénètrent toujours quand nous parlons. Il désigne tout d'abord le fait de subsumer en l'ordonnant l'individuel et le particulier sous quelque chose de général et d'universel ; le fait de suivre une règle et d'appliquer des critères en fonction desquels le concret doit se légitimer, et en fonction desquels il sera possible d'en décider. Dans tous les jugements de ce genre se cache un préjugé ; seul l'individuel sera jugé, mais ni le critère ni encore moins sa pertinence par rapport à ce qui est à mesurer. Certes, il a bien fallu qu'on décide une fois du critère en portant un jugement, mais à présent ce jugement a pour ainsi dire été adopté et il est même devenu un moyen permettant de formuler d'autres jugements. Mais juger peut aussi signifier tout autre chose et c'est toujours le cas lorsque nous sommes confrontés à quelque chose que nous n'avions encore jamais vu et pour lequel nous ne disposons d'aucun critère. Ce jugement, qui est sans critère, ne peut s'appuyer sur rien d'autre que sur l'évidence de l'objet même du jugement et il n'a pas d'autre présupposé que l'aptitude à cette faculté humaine de juger qui est beaucoup plus proche de la capacité de décider que de la capacité d'ordonner et de subsumer. Ce jugement sans critère nous est familier grâce au jugement esthétique ou jugement de goût, à propos duquel, comme l'a dit un jour Kant, on ne peut pas « disputer » mais à propos duquel en revanche on peut entrer en conflit ou, inversement, s'accorder : nous en faisons l'expérience dans la vie quotidienne chaque fois que, confrontés à une situation inconnue, nous estimons que tel ou tel a bien ou mal jugé de la situation. C'est seulement à l'occasion de chaque crise historique que les préjugés vacillent : on ne peut plus se fier à eux précisément parce que, en l'absence d'obligation qui résulte du « on dit » et du « on pense », dans l'espace restreint où ils trouvent leur légitimation et leur utilisation, ils ne peuvent plus prétendre à être reconnus et par conséquent ils se solidifient très facilement en quelque chose qui ne correspond pas à leur nature, à savoir ces pseudo-théories qui proposent des visions du monde fermées sur elles-mêmes ou des idéologies qui prétendent tout expliquer et saisir la réalité historico-politique dans son ensemble. Si donc la fonction du préjugé est de préserver l'homme qui juge d'avoir à s'exposer ouvertement et à affronter par la pensée chaque réalité qu'il rencontre, les idéologies et les visions du monde remplissent parfaitement cette tâche de protéger de toute expérience parce que en elles, prétendument, toute réalité serait d'une certaine façon déjà prévue. Mais c'est précisément cette universalité qui se départit si clairement des préjugés, lesquels sont toujours d'une nature partielle, qui montre avec évidence qu'il ne faut plus se fier aux préjugés, pas plus qu'aux critères du jugement et à ce qui est préjugé en eux, et qu'ils sont littéralement inadéquats. Cette défaillance des critères dans le monde moderne – l'impossibilité de juger ce qui a eu lieu et tout ce qui se produit chaque jour de nouveau – en fonction de critères solides et reconnus de tous, de le subsumer comme les cas particuliers d'un Tout universel bien connu, de même que la difficulté qui en découle de fournir des principes à l'action qui doit avoir lieu, voilà ce qui a souvent été décrit en termes de nihilisme inhérent à l'époque, d'inversion de toutes les valeurs, d'espèce de crépuscule des dieux et de renversement catastrophique pour l'ordre moral du monde. Toutes ces interprétations présupposent tacitement qu'on ne peut évidemment compter sur le jugement des hommes que là où ils sont en possession de critères, et que la faculté de juger n'est donc rien d'autre que la capacité de subordonner de façon adéquate le particulier à l'universel dont il relève et à propos duquel on est d'accord. On sait pourtant bien que la faculté de juger consiste et doit consister à juger directement et sans critère, mais les domaines où ceci se produit, au cours de décisions de toutes sortes, qu'elles soient d'ordre personnel ou public, et dans ce qu'on appelle le jugement de goût, ne sont pas pris au sérieux, étant donné qu'en fait ce qui est jugé de cette façon n'a jamais un caractère contraignant, ne peut jamais contraindre l'autre à l'accord, au sens d'un raisonnement logiquement inéluctable, mais ne peut que le convaincre. Mais dire de façon générale qu'un élément contraignant appartient au jugement est déjà un préjugé ; car, dans la mesure où les critères ont quelque valeur, on ne peut jamais démontrer qu'ils sont contraignants ; seule leur appartient l'évidence toujours limitée des jugements sur lesquels tout le monde est tombé d'accord et à propos desquels il ne peut plus y avoir de conflit ni de « dispute ». On ne peut démontrer le caractère contraignant que de la subordination, du fait d'appliquer à l'individuel et au concret une règle préalablement établie, laquelle présuppose la validité du critère par rapport à la nature de la chose en question. Or cette subordination et cette réglementation, où l'on ne décide de rien d'autre si ce n'est de la vérité ou de la fausseté de la manière dont on procède, comme on peut toujours le démontrer, sont beaucoup plus proches d'une pensée déductive que d'une pensée judicative. Par conséquent, la perte des critères, qui détermine effectivement le monde moderne dans sa facticité, et qui ne peut être révoquée par aucun retour au bon vieux temps ni par l'établissement de nouvelles valeurs et de nouveaux critères, n'est catastrophique pour le monde moral que si l'on admet l'idée que les hommes ne seraient pas du tout en mesure de juger les choses par eux-mêmes, que leur faculté de juger serait insuffisante pour poser un jugement originel et qu'on ne pourrait attendre d'elle rien de plus que l'application correcte de règles connues et la mise en œuvre adéquate de critères préétablis.

Si telle était la vérité, c'est-à-dire s'il était vrai que l'essence de la pensée humaine est telle que les hommes ne sont capables de jugement qu'à condition d'avoir à leur disposition des critères solides et tout prêts, il serait alors effectivement exact – comme on le prétend de nos jours – que ce n'est pas tant le monde que l'homme lui-même qui est déboussolé dans la crise contemporaine. Cette hypothèse a fait son chemin et a pris de nos jours une ampleur croissante dans l'activité académique, comme on peut fort bien s'en rendre compte du fait que les disciplines historiques ayant trait à l'histoire du monde et aux événements qui s'y déroulent se sont tout d'abord dissoutes dans les sciences sociales puis dans la psychologie. Cela équivaut tout simplement à renoncer à l'étude du monde et de son devenir historique selon ses couches chronologiques préétablies au profit de l'étude, en premier lieu, des comportements sociaux puis des comportements humains, lesquels, de leur côté, ne peuvent faire l'objet d'une recherche systématique que si l'on exclut l'homme qui agit en tant qu'il est l'auteur d'événements qui peuvent être démontrés dans le monde, pour le rabaisser au statut d'un être réduit à des comportements susceptibles d'être soumis à expérimentation, et dont on peut même espérer qu'il sera définitivement sous contrôle. Plus significatif peut-être que ce conflit académique des Facultés, auquel se mêlent toujours des prétentions non académiques au pouvoir, s'annonce le déplacement analogue d'intérêt pour le monde au profit des hommes, comme le révèle une récente table ronde. A la question « quel est le principal souci actuel ? », la réponse fut presque unanime : « l'homme »[6]. Mais il ne

---

[6]. Nous n'avons pas réussi à découvrir à quelle « table ronde » il est fait allusion, ainsi qu'en d'autres endroits dans les manuscrits ici publiés (voir la première édition de cet ouvrage, *op. cit.*, p. 198).

s'agissait pas tant là de la menace palpable qui pèse sur le genre humain en raison de la bombe atomique (un tel souci ne serait pourtant que trop légitime) que bien plutôt de l'essence de l'homme, quelle que soit la manière dont chacun l'entend. Dans un cas comme dans l'autre – et nous pourrions naturellement multiplier ces exemples –, on ne doute pas un seul instant qu'il s'agisse de l'homme qui, soit est déboussolé, soit est en danger et qui est, en tout cas, ce qui doit être modifié.

Quelle que soit la position que l'on adopte par rapport à la question de savoir si c'est l'homme ou le monde qui est en jeu dans la crise actuelle, une chose est sûre : la réponse qui place l'homme au centre du souci contemporain et qui prétend devoir le changer et lui porter secours est profondément non politique. Car, au centre de la politique, on trouve toujours le souci pour le monde et non pour l'homme, et en vérité le souci d'un monde organisé de telle ou telle façon, sans lequel ceux qui se soucient et qui sont des politiques estimeraient que la vie ne vaut pas la peine d'être vécue. Or, on ne change pas le monde en changeant les hommes – indépendamment de l'impossibilité pratique d'une telle entreprise –, pas plus qu'on ne change une organisation ou une association parce que l'on commence à influencer de telle ou telle façon ses associés. Si l'on veut modifier une institution, une organisation, n'importe quelle association existante dans le monde, on ne peut que renouveler sa constitution, ses lois, ses statuts, en espérant que tout le reste suivra de lui-même.

C'est d'autant plus regrettable que cette source aurait fourni des indices pour dater les fragments. Comparer avec notre commentaire de la première édition de cet ouvrage, *op. cit.*, p. 155 *sq.*

Et s'il en est ainsi, c'est du fait que partout où des hommes se rassemblent, que ce soit dans la sphère privée ou sociale ou publico-politique, un espace se crée qui les rassemble et qui simultanément les sépare. Chacun de ces espaces a sa propre structure qui évolue au cours du temps et qui se manifeste en privé par les besoins, en société par les conventions, et en public par les lois, les constitutions, les statuts, etc. Partout où des hommes se rassemblent, un monde s'intercale entre eux, et c'est dans cet espace intermédiaire que se jouent toutes les affaires humaines. L'espace entre les hommes qui constitue le monde ne peut assurément pas exister sans eux et un monde sans hommes, contrairement à un univers sans hommes ou à une nature sans hommes, serait contradictoire en lui-même. Mais cela ne signifie pas que le monde et les catastrophes qui s'y produisent se laissent réduire à un événement purement humain, et encore moins à quelque chose qui arrive à « *l'*homme » ou à l'essence des hommes. Car le monde et les choses du monde au milieu desquels se déroulent les affaires humaines ne sont pas l'expression de l'essence humaine, ou pour ainsi dire le sceau qu'elle imprime de l'extérieur, mais résultent au contraire de ce que les hommes sont capables de produire ce qu'ils ne sont pas eux-mêmes – à savoir des choses –, et de ce qu'également les domaines qu'on appelle psychologiques ou spirituels, qui constituent pour eux des réalités durables au sein desquelles ils peuvent évoluer, ne peuvent exister que dans la mesure où ils se réifient, où ils se présentent comme un monde de choses. Les hommes agissent dans ce monde réifié, ils sont conditionnés par lui, et c'est précisément en raison de ce conditionnement que chaque catastrophe qui se produit dans le monde rejaillit sur eux, les concerne. Il serait pensable qu'une telle catastrophe soit si monstrueuse, réduise le monde à un tel néant que les capacités de l'homme qui constituent le monde, qui le concrétisent, se conjuguent, et que l'homme soit privé de monde au même titre que l'animal. Nous pouvons même imaginer que de telles catastrophes se sont déjà produites par le passé, à des époques préhistoriques, et que certaines tribus dites « primitives » en constituent les vestiges privés de monde. Nous pouvons également nous imaginer qu'une guerre nucléaire, à supposer qu'elle laisse subsister une trace de vie humaine, pourrait provoquer une telle catastrophe en détruisant le monde entier. Mais ce sera toujours le monde ou en tout cas le cours du monde – dont les hommes ne sont plus maîtres, auquel ils sont devenus à ce point étrangers que l'automatisme inhérent à tout processus peut s'établir subrepticement – dans lequel périssent les hommes et pas seulement eux. Il n'est non plus nullement question de telles éventualités dans le souci moderne de l'homme que nous évoquions plus haut. Ce qu'il y a de pire et de plus angoissant en lui, c'est bien plutôt cette insouciance vis-à-vis de telles choses « extérieures » qui constituent les plus grands dangers réels, et le fait qu'il évacue ceux-ci dans quelque chose d'intérieur où ils peuvent être au mieux réfléchis mais sans qu'on puisse agir sur eux ni les modifier.

On peut bien sûr très facilement objecter à cela que le monde dont il est ici question est le monde des hommes, c'est-à-dire le résultat de la fabrication et de l'action humaines, quelle que soit la manière dont on l'entend. Ces capacités appartiennent assurément à l'essence de l'homme. Lorsqu'elles font défaut, ne doit-on pas changer l'essence de l'homme avant de penser à modifier le monde ? Cette objection est dans son fond très ancienne et peut se réclamer des témoins les plus illustres, notamment de Platon qui objectait déjà à Périclès que les Athéniens ne deviendraient pas meilleurs après sa mort qu'avant.

3

Introduction à la politique II

Fragment 3a[1]

Introduction : La politique a-t-elle finalement encore un sens ?[2]

Il existe une réponse si simple et si concluante en elle-même en ce qui concerne la question du sens de la politique que toutes les autres réponses semblent com-

---

1. Ce fragment a été traduit en français par P. Lévy, in *Ontologie et Politique*, Paris, Tierce, 1989, p. 163-168 *[N.d. T.]*.
2. Hannah Arendt avait vraisemblablement commencé à retravailler cette introduction avant d'écrire « Introduction : Le sens de la politique » (Fragment 3d) ; la première page d'un manuscrit correspondant (p. n° 022377, de H. A. numérotée « I »), qui correspond pour les détails techniques – caractères, pagination, papier – au Fragment 3d dont elle provenait manifestement, a été conservée. Pour le contenu, il faut le relier au fragment précédent puisque, dès le début, le thème concerne la « liberté ». Voici le texte de la page en question :

« Introduction : La politique a-t-elle finalement encore un sens ?

On peut fournir une réponse si simple et si concluante à la question du sens de la politique que toutes les autres réponses apparaissent superflues. Cette réponse est la suivante : le sens de la politique est la liberté. Ce qu'il y a de singulier dans cette réponse, c'est qu'elle paraît évidente et convaincante bien qu'elle s'oppose aux

plètement superflues. Cette réponse est la suivante : le sens de la politique est la liberté. Sa simplicité et son caractère concluant tiennent au fait qu'elle est presque aussi ancienne sinon que la question elle-même, qui présuppose naturellement une mise en question et est inspirée d'une défiance, du moins que l'existence du politique. Mais aujourd'hui, précisément, cette réponse n'est plus ni évidente ni immédiatement claire. On s'en aperçoit du fait que notre question aujourd'hui s'enquiert non plus simplement du sens de la politique, comme on le faisait autrefois pour l'essentiel à partir d'expériences qui étaient de nature soit non politique soit même antipolitique : la question que nous posons actuellement résulte d'expériences très réelles que nous avons faites avec la politique. Elle surgit du désastre

---

définitions du politique que fournissent les sciences politiques modernes et qu'elle ne s'accorde pas non plus avec les différentes théories que les philosophes politiques ont proposées depuis Platon à notre question. De telles définitions et théories présupposent en effet toutes que la politique serait une nécessité inaliénable pour la vie des hommes, dont l'essence consisterait à se soucier de l'existence de la société et à assurer la vie de l'individu. A supposer que la politique ait quelque chose à voir avec la liberté, c'est seulement au sens où elle a pour but la liberté, donc quelque chose qui lui est extérieur et pour quoi elle n'est qu'un moyen. Mais le sens d'une chose, contrairement à son but, est compris en elle. Si la liberté est le but de la politique, elle ne peut pas en constituer le sens. La liberté commence donc là où cesse l'action politique, à peu près de la même manière que l'existence d'un objet fabriqué quelconque commence au moment où l'artisan y a mis la dernière main. Mais la phrase "le sens de la politique est la liberté" signifie quelque chose de très différent, à savoir que la liberté, ou mieux le fait d'être libre, est comprise dans le politique et dans son activité.

On est sans aucun doute tenté de comprendre la liberté comme un but de la politique, et l'évidence que renferme la phrase, "le sens de la politique est la liberté", n'est pas sans rapport avec ce malentendu. »

que la politique a déjà suscité en notre siècle et du désastre encore plus grand qui menace de jaillir d'elle. Notre question s'énonce alors de façon beaucoup plus radicale, plus agressive et également plus désespérée : la politique a-t-elle finalement encore un sens ?

Dans la question ainsi posée – et c'est ainsi qu'elle doit se poser à chacun de nous – on entend deux choses différentes : tout d'abord l'expérience des formes de régimes totalitaires dans lesquelles c'est l'existence tout entière des hommes qui a été complètement politisée, ne laissant en conséquence subsister absolument plus aucune liberté. De ce point de vue, c'est-à-dire entre autres à partir de conditions spécifiquement modernes, émerge le doute concernant la compatibilité de la politique et de la liberté, la question de savoir si la liberté en général ne commence pas précisément là où cesse la politique, en sorte qu'il n'y a précisément plus de liberté là où le politique ne trouve nulle part sa fin et ses limites. Peut-être les choses se sont-elles tellement modifiées depuis l'Antiquité, où politique et liberté étaient identiques, que dans les circonstances modernes elles doivent désormais être complètement séparées l'une de l'autre.

La question se pose en deuxième lieu inévitablement du fait du développement monstrueux des capacités modernes d'anéantissement dont les États ont le monopole, développement qui aurait été impossible sans ce monopole d'État, mais surtout dont l'application n'est possible qu'à l'intérieur du domaine politique. Il ne s'agit plus ici seulement de la liberté mais de la vie, de la continuité de l'existence de l'humanité, voire peut-être de toute vie organique sur terre. La question qui surgit ici rend toute politique suspecte, elle fait apparaître comme douteuse la compatibilité de la politique et du maintien de la vie dans les conditions modernes, et elle espère secrètement que les hommes se rendront à la raison et se débarrasseront d'une manière ou d'une autre de la politique avant qu'elle ne les fasse tous périr. Mais l'on pourrait objecter que l'espoir que tous les États dépérissent, à moins que ce ne soit la politique qui disparaisse d'une manière ou d'une autre, est utopique, et il est probable que la plupart des gens seraient d'accord avec cette objection. Cela ne modifie pourtant en rien cet espoir et cette question. Si la politique est source de désastre et si l'on ne peut pas se débarrasser de la politique, il ne reste justement plus que le désespoir ou, à l'inverse, l'espoir que les plats sortis du four ne nous seront pas servis brûlants, espoir quelque peu déraisonnable en notre siècle car, depuis la Première Guerre mondiale, nous avons bien dû manger chaque plat que la politique nous a servi considérablement plus chaud qu'aucun de ses cuisiniers ne l'avait préparé.

Ces deux expériences où surgit aujourd'hui la question du sens du politique constituent les expériences politiques fondamentales de notre époque. Passer à côté d'elles équivaut à n'avoir pas vécu dans le monde qui est le nôtre. Mais il existe pourtant une autre différence entre elles. A l'expérience de la politisation totale, propre aux formes d'État totalitaires et à la suspicion à l'égard du politique qui en résulte, s'oppose toujours le fait que, depuis l'Antiquité, plus personne n'a pensé que le sens de la politique était la liberté, de même qu'à l'époque moderne le politique a été considéré, tant sur le plan théorique que sur le plan pratique, comme un moyen d'assurer la satisfaction des besoins vitaux de la société et la productivité du libre développement social. Contre la mise en question du politique tel qu'il se présente dans l'expérience totalitaire, on pourrait donc théoriquement se replier sur une position antérieure, historiquement parlant, comme si précisément les régimes totalitaires n'avaient fait que démontrer le bien-fondé de la pensée libérale et conservatrice du XIXe siècle. Ce qui est troublant face au surgissement d'un anéantissement physique absolu à l'intérieur du politique, c'est précisément qu'un tel retour en arrière soit tout simplement impossible. Car ici le politique menace précisément cela même qui, dans l'opinion de la modernité, constitue sa raison d'être, à savoir assurer la simple possibilité de la vie, et même celle de l'humanité tout entière. S'il est vrai que la politique n'est hélas rien d'autre qu'un mal nécessaire à la conservation de l'humanité, celle-ci a alors effectivement commencé à disparaître du monde, c'est-à-dire que son sens a viré en absence de sens.

Ce non-sens ne constitue nullement une aporie imaginaire ; il s'agit bien plutôt d'un état de fait extrêmement réel dont nous pouvons faire l'expérience quotidienne lorsque nous nous donnons la peine non seulement de lire les journaux, mais aussi quand, contemplant avec morosité le cours de tous les grands problèmes politiques, nous nous posons la question de savoir comment, compte tenu des circonstances, on pourrait faire mieux. Le non-sens auquel la politique tout entière est parvenue est attesté par l'impasse dans laquelle les questions politiques particulières se précipitent. De quelque façon que nous envisagions la situation et que nous prenions en compte les facteurs qui s'imposent à nous en raison de la double menace des régimes totalitaires et des armes atomiques, mais surtout en raison de la coïncidence de ces événements, nous ne parvenons pas non plus à imaginer une solution satisfaisante, quand bien même présupposerions-nous que chacun fait preuve de bonne volonté (ce qu'on ne doit pas faire en politique, comme chacun sait, puisque aucune bonne volonté actuelle ne garantit le moins du monde celle de demain). Si nous partons de la logique inhérente à ces facteurs et si nous supposons que rien d'autre que ce que nous connaissons ne détermine et ne déterminera le cours du monde, tout ce que nous pouvons dire c'est que seul quelque chose comme une sorte de miracle permettra un changement décisif et salutaire.

Afin de nous interroger maintenant très sérieusement sur ce qu'il en est de ce miracle et afin de nous débarrasser du soupçon que le fait d'espérer, ou mieux de compter sur des miracles, est une pure légèreté d'esprit ou une étourderie déraisonnable, il nous faut tout d'abord oublier le rôle qu'a toujours joué le miracle dans la foi et la superstition, c'est-à-dire dans la religion et la pseudo-religion. Afin de nous libérer du préjugé selon lequel le miracle serait un phénomène purement et exclusivement religieux qui interrompt le cours terrestre des événements humains ou naturels par un phénomène surnaturel et surhumain, il n'est peut-être pas hors de propos de rappeler brièvement que le cadre tout entier de notre existence réelle – l'existence de la terre, de la vie organique sur terre, l'existence de l'espèce humaine – repose sur une sorte de miracle. Car, du point de vue des événements universels et des probabilités qu'ils renferment et qui peuvent être appréhendées statistiquement, l'émergence de la terre est déjà quelque chose d'« infiniment improbable ». Et il n'en va pas autrement en ce qui concerne l'émergence de la vie organique à partir des processus de la nature inorganique ou de l'émergence de l'espèce « homme » à partir des développements de la vie organique. Ces exemples démontrent que chaque fois que quelque chose de nouveau se produit, c'est de façon inattendue, incalculable et en définitive causalement inexplicable, à la manière dont un miracle se produit dans le cadre d'événements calculables. En d'autres termes, chaque nouveau commencement est par sa nature même un miracle, tout du moins lorsqu'on le considère et qu'on l'éprouve du point de vue des processus qu'il interrompt nécessairement. En ce sens, à la transcendance religieuse de la croyance aux miracles correspond la transcendance réellement démontrable de chaque commencement, en relation avec le processus d'ensemble dans lequel il fait irruption.

Il ne s'agit bien entendu que d'un exemple pour expliquer que ce que nous appelons réalité n'est qu'un entrelacs de réalité terrestre, organique et humaine, qui a précisément émergé comme réalité à partir des phénomènes « infiniment improbables ». Mais dès que nous prenons cet exemple à titre de comparaison avec ce qui se passe effectivement dans le domaine des événements humains cet exemple ne va plus. Car les processus auxquels nous avons affaire ici sont, comme on dit, de nature historique, c'est-à-dire qu'ils ne se déroulent pas sous la forme de développements naturels mais sont des chaînes d'événements dans la structure desquels chaque miracle « de ces improbabilités infinies » se produit si souvent qu'il nous paraîtrait vraiment étrange de parler ici de miracle. Mais cela tient simplement au fait que le processus historique résulte d'initiatives humaines et est constamment interrompu par de nouvelles initiatives. Si l'on considère ce processus en fonction de son pur caractère de processus – ce qui est naturellement le cas dans toutes les philosophies de l'histoire pour lesquelles le processus historique ne constitue pas le résultat de l'action commune des hommes mais du développement et de la réunion de forces extra, supra ou infra-humaines, c'est-à-dire où l'homme qui agit est éliminé de l'histoire –, alors chaque nouveau commencement est en lui, pour son salut ou pour sa perte, si infiniment improbable que tous les plus grands événements apparaissent comme des miracles. D'un point de vue objectif et extérieur, les chances pour que demain ressemble à aujourd'hui sont toujours plus fortes – ou, à défaut d'être aussi fortes, du moins presque aussi fortes ramenées aux proportions humaines – que les chances qu'aucune terre n'émerge à partir d'événements cosmiques, qu'aucune vie ne surgisse des événements inorganiques et que celui qui n'est pas un animal, l'homme, ne descende de l'évolution des espèces animales.

La différence décisive entre les « improbabilités infinies » sur lesquelles repose la vie terrestre et humaine et les événements miraculeux dans le domaine des affaires humaines elles-mêmes tient naturellement au fait qu'il existe ici un thaumaturge, et que l'homme lui-même possède manifestement le don miraculeux et mystérieux de faire des miracles. Ce don, nous l'appelons, dans le langage courant et éculé, l'agir. C'est à l'agir qu'il revient en particulier de déclencher des processus dont l'automatisme ressemble ensuite beaucoup à celui des processus naturels, et c'est à lui en particulier qu'il revient de prendre un nouveau commencement, d'inaugurer quelque chose de neuf, de prendre l'initiative ou, pour le dire de façon kantienne, de commencer par soi-même une chaîne. Le miracle de la liberté consiste dans ce pouvoir-commencer, lequel à son tour consiste dans le fait que chaque homme, dans la mesure où par sa naissance il est arrivé dans un monde qui lui préexistait et qui perdurera après lui, est en lui-même un nouveau commencement.

Cette idée que la liberté est identique au commencement ou, pour le dire à nouveau de façon kantienne, que la liberté est identique à la spontanéité nous est très étrangère, dans la mesure où il est caractéristique de notre tradition de pensée conceptuelle et de ses catégories d'identifier la liberté au libre arbitre et d'entendre par libre arbitre la liberté de choisir entre ce qui est déjà donné, pour le dire grossièrement, entre le bien et le mal, mais non comme la simple liberté de vouloir que ceci ou cela soit autrement. Cette tradition a naturellement ses bonnes raisons dans lesquelles nous ne pouvons pas entrer ici, et elle a été extraordinairement renforcée par la conviction, répandue depuis la fin de l'Antiquité, que la liberté non seulement ne consiste pas dans l'agir et dans la politique, mais au contraire n'est possible que si l'homme renonce à l'agir, que s'il se retire du monde pour se replier sur lui-même et évite le politique. A cette tradition conceptuelle et catégoriale s'oppose non seulement l'expérience de chaque homme, qu'elle soit d'ordre privé ou public, mais avant tout également le témoignage jamais complètement oublié des langues anciennes, dans lesquelles le mot grec *archein* veut dire commencer et commander, donc être libre, et le latin *agere*, mettre quelque chose en mouvement, c'est-à-dire déclencher un processus.

Si donc, compte tenu de l'impasse dans laquelle notre monde est parvenu, il convient d'attendre des miracles, cette attente ne nous renvoie nullement hors de la sphère politique originelle. Si le sens de la politique est la liberté, cela signifie que nous avons effectivement le droit d'attendre un miracle dans cet espace et dans nul autre. Non que nous croyions aux miracles, mais parce que les hommes, aussi longtemps qu'ils peuvent agir, sont capables d'accomplir et accomplissent constamment, qu'ils le sachent ou non, de l'improbable et de l'imprévisible. La question « la politique a-t-elle finalement encore un sens ? » nous renvoie inévitablement, précisément lorsqu'elle aboutit à la croyance aux miracles – et à quoi d'autre pourrait-elle bien aboutir ? –, à la question du sens de la politique.

Fragment 3b

Chapitre I : Le sens de la politique [3]

La question du sens de la politique, tout comme la méfiance à l'égard de la politique sont très anciennes, aussi anciennes que la tradition de la philosophie politique. Elles remontent à Platon et peut-être même à Parménide et sont le résultat d'expériences tout à fait réelles que les philosophes avaient faites de la *polis*, c'est-à-dire d'une forme d'organisation de la vie

---

3. Rectifié de la manière suivante : « Introduction : La politique en général a-t-elle encore un sens ? »

commune des hommes, si exemplaire et si normative qu'elle détermine encore ce que nous entendons aujourd'hui par politique, et que le mot même que nous utilisons pour la désigner dans toutes les langues européennes en découle.

Les réponses qui justifient la politique sont aussi anciennes que la question du sens de la politique, et à peu près toutes les déterminations ou définitions du politique que nous rencontrons dans notre tradition constituent, quant à leur contenu véritable, des justifications. Pour parler de façon très générale, toutes ces justifications et définitions aboutissent à déterminer la politique comme un moyen en vue d'une fin plus haute, même si la détermination d'une telle fin a été naturellement très différente chaque fois au cours des siècles. Mais cette différence elle-même se laisse ramener à quelques réponses fondamentales peu nombreuses, et le fait qu'il en soit ainsi plaide en faveur d'une simplicité élémentaire des choses dont nous il nous faut traiter ici.

La politique, entendons-nous dire, est une nécessité impérieuse pour la vie humaine, qu'il s'agisse de l'existence de l'individu ou de celle de la société. L'homme ne vivant pas en autarcie, mais dépendant des autres pour son existence même, il doit y avoir un souci de l'existence qui concerne tout le monde, sans lequel précisément la vie commune ne serait pas possible. La tâche et la fin de la politique consistent à garantir la vie au sens le plus large. Elle permet à l'individu de poursuivre ses objectifs en toute tranquillité et en paix, c'est-à-dire sans être importuné par la politique – peu importe la question de savoir dans quelle sphère de vie se situent ces objectifs que la politique est censée garantir : il peut s'agir, au sens de l'Antiquité, de permettre à un petit nombre de s'occuper de philosophie ou bien encore, au sens moderne, de garantir à la multitude la vie, un gagne-pain et un minimum de bonheur. En outre, étant donné, comme l'a remarqué un jour Madison, que dans cette communauté on a affaire à des hommes et non pas à des anges [4], le souci de l'existence ne peut s'effectuer que par l'intermédiaire d'un État qui possède le monopole de la violence et qui empêche la guerre de tous contre tous.

Ce que toutes ces réponses ont en commun, c'est qu'elles tiennent pour évident que la politique existe et a toujours et partout existé là où des hommes se sont assemblés au sens historico-culturel. Cette évidence s'autorise de la définition aristotélicienne de l'homme comme être vivant politique, et cette référence n'est pas indifférente puisque la *polis* a déterminé de façon décisive, quant au lexique et au contenu, la représentation européenne de ce qu'est proprement la politique et de son sens. Il n'est pas non plus indifférent que la référence à Aristote soit fondée sur un malentendu très ancien, même s'il est post-classique. Aristote, pour

---

4. *The Federalist*, n° 51 (Madison) : « Mais qu'est-ce que le gouvernement lui-même si ce n'est la plus haute réflexion concernant la nature humaine ? Si les hommes étaient des anges, il n'y aurait besoin d'aucun gouvernement. Si les anges devaient gouverner les hommes, il n'y aurait besoin d'aucun contrôle externe ou interne sur le gouvernement. La grande difficulté, s'agissant d'élaborer un gouvernement qui doit être administré par des hommes sur des hommes, est la suivante : il faut d'abord habiliter le gouvernement à contrôler les gouvernés et ensuite l'obliger à se contrôler lui-même. » Cité d'après Alexander Hamilton *et al.*, *The Federalist Papers*, avec une introduction de Clinton Rossiter, New York, A Mentor Book (ME 2541), 1961, p. 322.

lequel le mot *politikon* était essentiellement un adjectif qualifiant l'organisation de la *polis*, et non pas une désignation quelconque de la communauté de vie humaine, n'a en fait nullement voulu dire que tous les hommes étaient politiques ni qu'il y avait du politique, c'est-à-dire une *polis*, partout où vivaient des hommes. De sa définition se trouvaient exclus non seulement les esclaves, mais également les barbares des empires asiatiques régis par un despote, de l'humanité desquels il ne doutait nullement. Il voulait simplement dire qu'il y a une particularité en l'homme qui consiste en ce qu'il peut vivre dans une *polis* et que l'organisation de cette *polis* représente la forme la plus haute de la communauté humaine : elle est donc humaine en un sens spécifique, tout aussi éloignée du divin, lequel peut exister en toute liberté et autonomie, que de la communauté animale qui, lorsqu'elle existe, est fondée sur la nécessité. Ainsi, la politique au sens d'Aristote – et Aristote restitue ici, comme sur beaucoup d'autres points dans ses écrits politiques, non pas tant son propre point de vue que celui que partageaient tous les Grecs de l'époque, même s'il ne s'agissait pas la plupart du temps d'une opinion clairement explicitée – n'est donc nullement une évidence et ne se trouve pas partout où des hommes vivent ensemble. D'après les Grecs, elle n'a existé qu'en Grèce et, même là, seulement dans un laps de temps relativement limité.

Ce qui distinguait la communauté humaine dans la *polis* de toutes les autres formes de communauté humaine, et que les Grecs connaissaient bien, c'était la liberté. Mais cela ne veut pas dire pour autant que le politique, voire la politique, était compris comme un moyen en vue de la liberté humaine, pour permettre une vie libre. Être-libre et vivre-dans-une-*polis* étaient en un certain sens une seule et même chose. A vrai dire uniquement dans un certain sens, car, pour pouvoir vivre dans la *polis*, il fallait que l'homme soit déjà libre à un autre point de vue : il ne pouvait être ni un esclave subissant la contrainte d'un autre homme, ni un travailleur manuel soumis à la nécessité de gagner son pain quotidien. Pour être libre, l'homme devait d'abord être affranchi ou s'affranchir lui-même, et cet affranchissement par rapport à la contrainte imposée par les nécessités de la vie constituait le sens particulier de la *schole* grecque ou de l'*otium* romain, le loisir comme nous disons aujourd'hui. Cette libération, à la différence de la liberté, était une fin qui pouvait et qui devait être obtenue par des moyens déterminés. Le moyen décisif reposait sur l'économie de l'esclavage, sur la violence par laquelle on contraignait les autres à nous décharger des soucis de la vie quotidienne. A la différence de toutes les formes d'exploitation capitalistes qui poursuivent prioritairement des buts économiques et qui en tirent un enrichissement, l'exploitation du travail des esclaves dans l'Antiquité visait à libérer complètement les maîtres du travail pour qu'ils puissent se consacrer à la liberté du politique. Cette libération découlait de la contrainte et de la violence, et elle reposait sur la domination absolue qu'exerçait chaque maître de maison dans son foyer. Mais cette domination, même si elle représentait une condition indispensable pour tout ce qui est politique, n'était pas elle-même politique. Par conséquent, si l'on veut comprendre le politique en termes de catégories de fin et de moyens, il s'agissait d'abord, au sens grec comme au sens aristotélicien, d'une fin et non pas d'un moyen. Et la fin ne consistait pas seulement dans la liberté, telle qu'elle se réalisait dans la *polis*, mais dans la libération prépolitique en vue de la liberté dans la *polis*. Le sens du politique, et non sa fin, consiste ici en ce que les hommes libres, par-delà la violence, la contrainte et la domination, ont entre eux des relations d'égaux et ne sont appelés à commander ou à obéir que sous la pression de la contrainte, c'est-à-dire en temps de guerre, toutes les affaires devant sinon être régies par la discussion et la persuasion mutuelle.

Au sens grec, le politique doit donc être compris comme centré sur la liberté, la liberté étant elle-même entendue de façon négative comme le fait de ne-pas-gouverner-ni-être-gouverné, et, positivement, comme un espace qui doit être construit par la pluralité et dans lequel chacun se meut parmi ses pairs. Sans une pluralité d'autres hommes qui sont mes pairs, il n'y aurait pas de liberté, et c'est la raison pour laquelle celui qui domine d'autres hommes et qui, de ce fait même, est essentiellement différent d'eux, quand bien même est-il plus heureux et plus enviable que ceux qu'il gouverne, n'en est pas pour autant plus libre Lui aussi se meut dans un espace où la liberté n'existe finalement pas. Cela est difficile à comprendre pour nous, car nous associons à l'égalité le concept de justice et non pas celui de liberté, et c'est la raison pour laquelle nous mésinterprétons l'expression grecque pour désigner une constitution libre, l'*isonomia* (isonomie), en la confondant avec le sens qu'a pour nous l'égalité devant la loi. Mais l'*isonomia* ne signifie ni que nous sommes tous égaux devant la loi, ni que la loi est la même pour tous, mais simplement que tous ont les mêmes titres à l'activité politique, cette activité consistant de préférence dans la *polis* en une discussion. L'*isonomia* désigne donc prioritairement la liberté de parole, donc la même chose que l'*isegoria*, ces deux termes que Polybe réunit par la suite simplement sous le terme d'*isologia*[5]. Mais la parole sous la forme du commandement et l'écoute sous la forme de l'obéissance n'étaient pas considérées comme une parole et une écoute authentiques; si ce n'était pas une parole libre, c'est parce qu'on était lié à un processus déterminé non pas par la parole, mais par l'action ou le travail. Les mots ne constituaient alors pour ainsi dire qu'un substitut de l'action, et, qui plus est, d'une action qui présupposait la contrainte et l'être-contraint. Lorsque les Grecs disaient que les esclaves et les barbares étaient *aneu logou*, privés de la « parole », ils voulaient dire qu'ils se trouvaient dans une situation où toute parole libre leur était impossible. Le despote, qui ne sait que donner des ordres, se trouve dans la même situation; pour pouvoir parler, il fallait qu'il ait en face de lui d'autres égaux. La liberté ne requérait donc pas une démocratie égalitaire au sens moderne, mais bien une sphère étroitement limitée par une oligarchie ou une aristocratie, au sein de laquelle un petit nombre au moins, ou les meilleurs d'entre les pairs, pût aller de concert. Cette égalité n'a naturellement rien à voir avec la justice.

Ce qui est décisif pour cette liberté politique, c'est qu'elle est liée à un espace. Celui qui abandonne sa *polis*, ou qui en est banni, perd non seulement sa patrie ou la terre de ses ancêtres, mais il perd aussi le seul

---

5. Cf. Victor Ehrenberg, article « Isonomia », in *Paulys Real-Encyclopädie der classischen Altertumswissenschaften*, Suppl.-Bd 7 (1950), p. 293 *sq.*

espace où il pouvait être libre ; il perd la société de ses pairs. Mais cet espace de liberté n'était pas tant nécessaire et indispensable à la vie et au souci de l'existence qu'il constituait bien plutôt un obstacle pour eux. Les Grecs savaient, pour en avoir personnellement fait l'expérience, qu'un tyran doté de raison (ce que nous nommons un despote éclairé) présentait de grands avantages en ce qui concerne la simple prospérité de l'État et l'épanouissement des arts, aussi bien matériels qu'intellectuels. Seule la liberté avait disparu. Les citoyens étaient renvoyés dans leurs foyers, et l'espace où pouvait avoir lieu une libre rencontre entre égaux, l'*agora*, était déserté. La liberté n'avait plus de place ce qui signifie qu'il n'y avait plus de liberté politique.

Nous ne pouvons pas aborder ici ce qui a été perdu en particulier avec cette privation de politique, ce qui s'est effondré avec la privation de la liberté au sens de l'Antiquité. Il ne s'agit ici, à l'occasion de ce bref rappel de ce qui était originellement lié au concept de politique, que de nous prémunir contre le préjugé moderne en vertu duquel la politique serait une nécessité irréfutable et qu'elle a toujours et partout existé. Le politique n'est précisément nullement nécessaire, ni au sens impérieux d'un besoin de la nature humaine, tels la faim ou l'amour, ni au sens d'une institution indispensable pour la communauté humaine. Au contraire, il commence même précisément là où le domaine des nécessités matérielles et celui de la force physique cessent. En tant que tel, le politique a si rarement existé et en si peu d'endroits, que, historiquement parlant, seules quelques grandes époques l'ont connu et réalisé. Mais ces quelques rares moments heureux de l'histoire n'en sont pas moins décisifs ; c'est seulement en eux que le sens de la politique, et du même coup la chance ou la malchance du politique, se manifeste pleinement. Ce faisant, ils ont été normatifs : non que leurs formes d'organisations internes puissent être reproduites, mais dans la mesure où les idées et les concepts déterminés qui se sont pleinement réalisés pendant une courte période déterminent aussi les époques auxquelles une complète expérience du politique demeure refusée.

La plus importante de ces idées, qui, pour nous également, appartient impérativement au concept de politique en général, et qui, pour cette raison, a survécu à tous les bouleversements historiques et à toutes les transformations théoriques, est sans aucun doute l'idée de liberté. Le fait que la politique et la liberté soient intimement liées et que la tyrannie soit la pire des formes de gouvernement, voire la plus antipolitique, traverse comme un fil rouge la pensée et l'action de l'humanité européenne jusqu'à l'époque la plus récente. Ce sont tout d'abord les régimes totalitaires et leurs idéologies correspondantes, mais pas encore le marxisme – lequel a annoncé le règne de la liberté et qui considérait la dictature du prolétariat, au sens romain, comme une institution transitoire de la révolution –, qui se sont risqués à rompre ce fil rouge : la nouveauté et le côté effrayant de cette entreprise ne consistant ni à nier la liberté, ni à affirmer qu'elle est bonne ou nécessaire pour les hommes. Il s'agissait bien plutôt de l'idée selon laquelle la liberté des hommes doit être sacrifiée à l'évolution historique dont le processus ne peut être entravé par les hommes que lorsque ceux-ci agissent et se meuvent en toute liberté. Cette perspective est commune à toutes les idéologies spécifiques des mouvements politiques. Sur le plan théorique, il est décisif que la liberté ne consiste ni dans l'agir-ensemble, ni dans le fait de se mouvoir ensemble des hommes et qu'elle ne soit pas davantage localisée dans l'espace qui s'étend entre les hommes, mais qu'elle soit transférée à un processus s'accomplissant dans le dos des hommes, qui agit et œuvre en coulisse par-delà l'espace visible des affaires publiques. Le modèle de ce concept de liberté est le fleuve qui coule librement, toute intervention contre lui représentant un acte arbitraire qui ralentit son cours. C'est dans ce modèle que les identifications modernes qui ont substitué à l'ancienne antinomie de la liberté et de la nécessité celle de la liberté et de l'arbitraire trouvent leur légitimation secrète. Dans tous ces cas, à la place du concept de politique, quelle que soit la manière dont on l'entende, on trouve le concept moderne d'histoire ; les événements politiques et l'agir politique ont disparu dans l'événement historique, et l'histoire est comprise, au sens le plus littéral, comme un flux historique. La différence entre cette pensée idéologiquement répandue et les régimes totalitaires consiste en ce que ces derniers ont découvert les moyens politiques d'insérer l'homme dans le cours de l'histoire à tel point qu'il est si exclusivement saisi par la « liberté » de ce flux, par son « libre » courant, qu'il ne peut plus jamais l'entraver mais qu'il devient au contraire un élément de son accélération. Les moyens nécessaires à sa mise en œuvre sont la contrainte de la terreur venue de l'extérieur et la contrainte que laisse échapper de l'intérieur la pensée idéologique, c'est-à-dire la pensée, exclusivement comprise au sens du cours historique, qui l'accompagne en quelque sorte de l'intérieur. Cette évolution totalitaire est sans aucun doute au plan réel le pas décisif sur la voie de l'abolition de la liberté. Mais cela n'empêche pas qu'au plan théorique le concept de liberté a complètement disparu partout où la pensée moderne a mis à la place du concept de politique celui d'histoire.

L'idée que la politique avait inévitablement quelque chose à voir avec la liberté s'est maintenue pendant des millénaires après être apparue pour la première fois dans la *polis* grecque : cela est d'autant plus merveilleux et rassurant qu'il n'existe pratiquement aucun concept dans la pensée et l'expérience occidentale qui se soit autant transformé et autant enrichi au cours de cette époque. Être libre ne signifiait originellement rien d'autre que pouvoir aller et venir où bon nous semblait, encore qu'il s'agissait de quelque chose de plus que ce que nous entendons aujourd'hui par la liberté de mouvement. Cela voulait dire non seulement n'être soumis à la contrainte d'aucun homme, mais également pouvoir s'éloigner de la sphère de la contrainte tout entière, du foyer et de la « famille » (ce concept romain que Mommsen a rendu autrefois tout simplement par le terme esclavage[6]). Seul le maître de maison disposait de cette liberté, et elle ne consistait nullement en ce qu'il régnait sur les autres membres du foyer, mais en ce que, précisément en vertu de cette domination, il pouvait s'éloigner de sa famille, au sens antique du terme. Il est manifeste que cette liberté comporte *a priori* l'élément du risque, du hasard. Le foyer dont l'homme libre avait la possibilité de s'éloigner n'était pas seulement le lieu où les hommes étaient dominés par la nécessité et la contrainte, mais également celui

---

6. Theodor Mommsen, *Histoire romaine*, éd. présentée et établie par C. Nicolet, Paris, Robert Laffont, 1985, p. 58.

où, par un lien encore plus étroit, la vie de tout un chacun était assurée, où tout était organisé pour soulager les besoins vitaux. Ne pouvait donc être libre que celui qui était prêt à risquer précisément sa vie, tandis que celui qui tenait à la vie par un trop grand amour avait une âme non libre et esclave, vice pour lequel la langue grecque n'avait qu'un seul mot[7].

Cette idée que seul peut être libre celui qui est prêt à risquer sa vie n'a plus jamais disparu de notre conscience, et il en va de même pour le lien du politique avec le risque et le hasard. Le courage est la première de toutes les vertus politiques, et il fait aujourd'hui encore partie des quelques vertus cardinales de la politique parce que nous ne pouvons pénétrer dans l'espace public, c'est-à-dire dans le monde qui nous unit tous, et qui est à proprement parler l'espace politique, que si nous nous éloignons de notre existence privée et de notre sphère familiale à laquelle notre vie se rattache. Pourtant, l'espace dans lequel pénétraient ceux qui avaient osé franchir le seuil de la maison cessa d'être, dès l'époque la plus reculée, un domaine de grandes entreprises et d'aventure qu'on ne pouvait affronter et où on ne pouvait espérer subsister qu'en s'associant avec les autres en tant qu'ils étaient nos pairs. En outre, dans le monde tel qu'il s'ouvre à ceux qui sont intrépides,

---

7. Ce mot est *philopsychia*. Cf. à ce sujet Jacob Burckhardt, *Grieschische Kulturgeschichte*, édition complète en quatre volumes, Munich, dtv (6075-6078), 1977, vol. 2, p. 391 : « ... L'amour de la vie *(philopsychia)* est devenu un reproche contre lequel le Grec essaye de se prémunir et dont l'auteur tragique essaye d'immuniser ses héros... L'amour de la vie est communément attribué aux serviteurs et aux esclaves comme un trait inférieur qui les sépare des hommes libres. » Cette citation se trouve dans une note d'Arendt conservée dans son Fonds à Washington.

aventureux et entreprenants, émerge bien une sorte d'espace public, mais qui n'est pas encore un espace politique au sens propre. Cette sphère dans laquelle ils s'aventurent devient publique précisément parce qu'ils sont entre égaux et que chacun peut mutuellement accorder aux autres l'attention, l'écoute et l'admiration pour les hauts faits dont l'historien et le poète pourront ensuite leur garantir la gloire posthume. Contrairement à ce qui se passe en privé et dans la famille, dans l'obscurité des quatre murs, tout apparaît ici dans cette lumière que seule la publicité, c'est-à-dire la présence des autres, peut créer. Mais cette lumière, qui est le présupposé de tout ce qui apparaît vraiment, est trompeuse aussi longtemps qu'elle n'est que publique et non politique. L'espace public de l'aventure et de l'entreprise disparaît dès que chaque chose s'est accomplie, dès que le camp est levé et que les « héros » – ce qui chez Homère ne désigne rien d'autre que les hommes libres – sont rentrés chez eux. Cet espace public ne devient politique que lorsqu'il est garanti dans une ville, c'est-à-dire lié à un endroit circonscrit auquel non seulement les actions mémorables mais aussi les noms des acteurs mémorables survivent et qui peut être transmis à la postérité de génération en génération. Cette ville qui offre aux mortels, à leurs actions et à leurs paroles éphémères un lieu stable, c'est la *polis*, et elle est politique et par conséquent différente des autres implantations (pour lesquelles les Grecs disposaient également d'un autre mot[8]) parce qu'elle n'est précisément construite qu'en

---

8. Il s'agit vraisemblablement du mot *asty* dont H. G. Liddle et R. Scott (*A Greek English Lexicon*, Oxford, Clarendon edition, 1968, p. 263) donnent la signification suivante : « Au sens matériel, par opposition à la *polis.* »

vue de l'espace public, la place publique sur laquelle ceux qui sont libres et égaux peuvent se rencontrer à toute heure.

Ce lien étroit du politique avec le monde d'Homère est extrêmement important pour comprendre notre concept de liberté politique tel qu'il apparaît à l'origine dans la *polis* grecque, et ce non pas seulement parce qu'Homère a fini par devenir l'instituteur de cette *polis*, mais parce que, pour les Grecs, l'organisation et la fondation de la *polis* étaient très étroitement liées à des expériences qui se produisirent à l'intérieur du monde d'Homère. Ainsi a-t-on pu faire remonter sans difficulté le concept central de *polis* libre – c'est-à-dire d'une *polis* qui n'est pas dominée par un tyran –, le concept d'« isonomie » et celui d'« iségorie » à l'époque d'Homère (Pauly-Wissowa, *loc. cit.*[9]), dans la mesure où c'est effectivement dans l'épopée homérique qu'est préfigurée l'expérience prodigieuse des possibilités de vie entre égaux ; et l'on a même pu, ce qui est encore plus important peut-être, comprendre la naissance de la *polis* comme une réponse à de telles expériences. Cela a pu se produire indifféremment de manière négative, au sens où Périclès cite Homère dans son oraison funèbre : la *polis* devait être fondée pour assurer un séjour aux grandes actions et aux grandes paroles humaines, elle était plus fiable que la mémoire durable qu'en conserve le poète dans la poésie[10]. Mais on a pu également la comprendre de façon positive – au sens où

---

9. Ehrenberg, « Isonomia », *op. cit.*
10. D'après Thucydide, II, 41, Paris, Les Belles Lettres, 1962, p. 30. Cf. Hannah Arendt, *La Condition de l'homme moderne*, *op. cit.*, p. 257 sq. Voir également p. 149, note 39.

Platon dit un jour (dans la onzième *Lettre*[11]) que la *polis* était née de la rencontre de grands événements guerriers ou d'autres circonstances, donc des actions politiques elles-mêmes et de leur grandeur propre. Dans les deux cas, tout se passe comme si l'armée d'Homère n'avait pas levé le camp, mais, de retour dans sa patrie, se rassemblait à nouveau et fondait la *polis*, ayant désormais trouvé un espace où demeurer constamment unie avec les autres. Quelque importants que soient les changements qui puissent ensuite se produire dans l'avenir grâce à cette installation, le contenu de l'espace de la *polis* n'en demeure pas moins lié d'une certaine manière au monde homérique dont il a tiré son origine.

Il n'est pourtant que trop naturel que ce que l'on entendait par liberté dans cet espace proprement politique se soit maintenant modifié ; le sens de l'entreprise et de l'aventure ne cessa de passer au second plan et ce qui n'était pour ainsi dire qu'un accessoire indispensable dans ces aventures – la présence constante des autres, le commerce avec ses pairs dans l'espace public de l'*agora*, l'*isegoria* comme dit Hérodote – devint le contenu spécifique de l'être-libre. Simultanément, l'activité la plus importante pour l'être-libre se déplaça de l'agir à la parole, de l'action libre à la parole libre.

Ce déplacement est très important et, plus encore que dans l'histoire de la Grèce elle-même, il s'accomplit dans la tradition de notre concept de liberté où prévaut l'idée que l'agir et la parole sont originellement séparés

---

11. Cf. « Die unter Platons Namen überlieferten Briefe », trad. Hieronymus et Friedrich Müller, *in* Platon, *Sämmtliche Werke*, dans la traduction de Friedrich Schleiermacher avec la pagination Estienne, 3 vol., Hambourg, Rowohlt (RK 1, 14, 27), 1957-1958, vol. 1, p. 285-336 (= lettre II, 359 b).

l'un de l'autre, qu'ils correspondent dans une certaine mesure à deux facultés tout à fait séparées de l'homme. Car l'une des choses les plus merveilleuses et les plus surprenantes de la pensée grecque consiste précisément en ce qu'une telle séparation de principe entre la parole et l'action n'a jamais existé chez elle, et ce dès le début, c'est-à-dire dès Homère : celui qui accomplit de grandes actions doit simultanément être aussi quelqu'un qui profère de grandes paroles, et ce non pas seulement parce que les grandes paroles doivent accompagner de manière pareillement éclairante les grandes actions, qui sinon retomberaient muettes dans l'oubli, mais parce que la parole elle-même était conçue *a priori* comme une sorte d'action. Contre les coups du destin, contre les mauvais tours des dieux, l'homme ne peut certes pas se protéger, mais il peut les affronter et leur répliquer par la parole. Et quand bien même cette réplique ne servirait-elle à rien, ni à conjurer le malheur, ni à attirer le bonheur, de telles paroles appartiennent néanmoins à ce qui advient en tant que tel. Si les paroles ont la même valeur que ce qui advient, si (comme il est dit à la fin d'*Antigone*) « les grands mots [sont] payés par les grands coups du sort », alors ce qui arrive est quelque chose de grand et digne d'une mémoire glorieuse. Que la parole en ce sens soit une sorte d'action, que le naufrage puisse devenir une action, lorsqu'on s'y oppose en y répliquant à l'aide de mots, alors même qu'on sombre, c'est sur cette interprétation fondamentale que reposent la tragédie grecque et son drame, son action.

C'est précisément cette conception de la parole, au fondement de laquelle on découvre la puissance autonome du *Logos* à travers la philosophie grecque, qui passe au second plan dès l'expérience de la *polis* pour disparaître ensuite complètement de la tradition de la pensée politique. La liberté d'exprimer des opinions, le droit d'écouter les opinions des autres et d'en être soi-même écouté, qui constituent encore pour nous une composante indispensable de la liberté politique, ont été très tôt évincés par cette liberté spécifique tout à fait différente – même si elle n'est pas en contradiction avec la première – d'agir et de s'exprimer, dans la mesure où parler est une action. Cette liberté consiste en ce que nous appelons la spontanéité, soit, d'après Kant, le fait que chaque homme est capable de débuter de lui-même une série. Le fait que la liberté d'action signifie la même chose que poser-un-commencement-et-débuter-quelque-chose est très bien illustré dans le domaine de la politique grecque où le mot *archein* signifie à la fois commencer et dominer. Cette double signification démontre clairement qu'à l'origine on appelait « chef » celui qui commençait quelque chose, et qui cherchait des compagnons pour exécuter l'action ; et cet accomplissement, le fait de-mener-à-son-terme-la-chose commencée, était la signification originelle du mot désignant l'action, *prattein*. On retrouve le même couple, être-libre et commencer dans l'idée romaine selon laquelle la grandeur des ancêtres est tout entière comprise dans la fondation de Rome et que la liberté doit toujours être ramenée à cette fondation, *ab urbe condita*, à travers laquelle a été mis en œuvre un commencement. Saint Augustin a approfondi par la suite sur le plan ontologique cette liberté conforme à l'expérience romaine, en soutenant que l'homme lui-même est un commencement, un *initium*, dans la mesure où il n'a pas toujours existé mais où il est advenu au monde par la naissance. Malgré la philosophie politique de Kant qui est devenue une philosophie de la liberté grâce à l'expérience de la Révolution française, parce qu'elle est essentiellement centrée sur le concept de spontanéité, il est vraisemblable que nous n'avons pris conscience qu'aujourd'hui pour la première fois de la signification politique extraordinaire de cette liberté qui consiste en un pouvoir-commencer, étant donné que les régimes totalitaires ne se sont pas contentés de mettre un terme à la liberté d'exprimer ses opinions, mais ont fini par anéantir dans son principe la spontanéité de l'homme dans tous les domaines. Cela est inévitable partout et toujours où le processus historico-politique est défini de façon déterministe comme quelque chose qui est d'emblée déterminé, qui suit ses propres lois, et qui, par conséquent, est reconnaissable. Car le fait que le monde se renouvelle quotidiennement en vertu du phénomène de la naissance et de la spontanéité des nouveaux venus, et qu'il est constamment entraîné dans une nouveauté imprévisible, s'oppose à l'éventualité de définir et de reconnaître le futur. Ce n'est que lorsqu'on dérobe aux nouveaux venus leur spontanéité, leur droit de commencer quelque chose de nouveau, que le cours du monde peut être déterminé et prévu.

La liberté d'exprimer ses opinions, qui constituait la norme de l'organisation de la *polis*, se distingue de la liberté d'action propre à celui qui agit de poser un nouveau commencement, dans la mesure où elle dépend beaucoup plus de la présence des autres et de la confrontation à leurs opinions. L'action, en effet, ne peut jamais se produire dans l'isolement, dans la mesure où celui qui commence quelque chose ne peut en venir à bout que s'il en rallie d'autres qui vont lui venir en aide. En ce sens, toute action est une action de concert comme avait coutume de le souligner Burke[12]; « il est impossible d'administrer correctement les affaires de la cité sans amis, sans partisans fidèles » (Platon, *7ᵉ Lettre*, 325d[13]), impossible [d'agir] au sens du grec *prattein*, c'est-à-dire de l'aboutissement, de l'accomplissement. Mais il ne s'agit là que d'une étape de l'action elle-même, même si politiquement parlant elle est la plus importante, celle qui détermine finalement ce qu'il en est des affaires humaines et la manière dont elles apparaissent. Elle est précédée du commencement, de l'*archein*, et c'est de l'individu et de son courage à s'engager dans une entreprise que relève cette initiative qui décide qui sera le chef ou l'*archon*, le *primus inter pares*. En définitive, quelqu'un peut très bien accomplir, même s'il est seul, de grandes actions à condition d'être aidé des dieux – témoin autrefois Héraklès – et n'avoir besoin des hommes que pour en conserver le souvenir. La liberté de la spontanéité est encore pour ainsi dire prépolitique, quand bien même sans elle toute liberté politique perdrait-elle son sens le meilleur et le plus profond; elle ne dépend des formes

---

12. Edmund Burke dans « Thoughts on the cause of the present discontents » (1770) : « Ils [c'est-à-dire les Whigs sous le règne de la reine Anne] estimaient que personne ne pouvait agir de façon efficace, s'il n'agissait de concert; que personne ne pouvait agir de concert s'il n'agissait pas en confiance; qu'aucun homme ne pouvait agir en confiance s'il n'était lié aux autres par des opinions communes, des affections communes et des intérêts communs. » Cité ici d'après un extrait d'Edmund Burke, *On Government, Politics and Society*, choisi et édité par B. W. Hill, New York, International Library, 1976, p. 75-119, p. 113.
13. Cf. Platon, *Lettres*, Paris, Garnier-Flammarion, 1987, trad. L. Brisson, p. 169.

d'organisation du vivre-ensemble que dans la mesure où c'est finalement le monde qui l'organise. Mais c'est parce qu'elle procède en définitive de l'individu qu'elle peut toujours, dans des circonstances défavorables, se délivrer elle-même, par exemple des griffes d'un tyran. Dans le cas de la productivité de l'artiste, comme de tous ceux qui, d'une manière générale, produisent des choses quelconques du monde dans l'isolement par rapport aux autres, la spontanéité se retrouve également, et l'on peut dire qu'aucune production n'est possible qui n'ait d'abord été appelée à la vie au moyen de la faculté d'agir. C'est pourquoi beaucoup d'activités humaines peuvent se dérouler à l'écart de la sphère politique, et cet éloignement est même, ainsi que nous le verrons par la suite [14], une condition essentielle pour nombre d'activités humaines déterminées.

Il en va tout autrement en ce qui concerne la liberté de discuter. Elle n'est possible d'une manière générale que dans la relation avec les autres. Sa signification a toujours été multiple et équivoque et elle possédait dès l'Antiquité cette équivocité qui lui est encore inhérente à nos yeux. Mais ce qui était décisif autrefois comme aujourd'hui, ce n'était nullement le fait que chaque homme pût dire ce qui lui plaisait ou que chaque homme possédât le droit propre de s'exprimer comme il le fait

---

14. Arendt fait allusion à l'éloignement de la sphère politique dont relèvent avant tout les activités manuelles et artistiques mais également le penser philosophique. Arendt n'en parle qu'accessoirement dans les manuscrits posthumes (cf. infra p. 106 *sq*). Il est tout à fait vraisemblable qu'elle prévoyait pourtant un exposé détaillé dans les notes à l'Introduction (voir la première édition de cet ouvrage, *op. cit.*, Appendice, Document 1); en revanche, aucune note n'est prévue en ce qui concerne le chapitre 3, « La position socratique ».

aujourd'hui. Il s'agissait bien plutôt de l'expérience en vertu de laquelle personne ne peut saisir par lui-même et sans ses semblables de façon adéquate et dans toute sa réalité ce qui est objectivement, parce que cela ne se montre et ne se manifeste à lui que selon une perspective qui est relative à la position qu'il occupe dans le monde et qui lui est inhérente. S'il veut voir le monde, l'expérimenter tel qu'il est « réellement », il ne le peut que s'il le comprend comme quelque chose qui est commun à plusieurs, qui se tient entre eux, qui les sépare et les lie, qui se montre différemment à chacun et qui ne peut être compris que dans la mesure où plusieurs *en* parlent et échangent mutuellement leurs opinions et leurs perspectives. Ce n'est que dans la liberté de la discussion que le monde apparaît en général comme ce dont on parle, dans son objectivité, visible de toutes parts. Vivre-dans-un-monde-réel et discuter-de-lui-avec-d'autres, c'est au fond une seule et même chose, et si la vie privée paraissait « idiotique » aux Grecs, c'est précisément parce que cette multiplicité de la discussion à propos de quelque chose lui était refusée, et du même coup l'expérience de ce dont il s'agissait en vérité dans le monde.

Cette liberté de mouvement – qu'il s'agisse de la liberté d'aller et de venir et de commencer quelque chose de nouveau et d'inouï, ou bien de la liberté de fréquenter les autres en leur parlant et de faire l'expérience de la pluralité, qui constitue à chaque fois la totalité du monde – ne constituait et ne constitue nullement la fin de la politique, celle que l'on peut atteindre à l'aide de moyens politiques : il s'agit bien plutôt du contenu propre et du sens du politique lui-même. En ce sens, la politique et la liberté sont identiques, et, partout où cette sorte de liberté fait défaut, il n'y a pas non plus d'espace politique au sens propre. Par ailleurs, les moyens à l'aide desquels on peut fonder cet espace politique et assurer son existence ne sont pas toujours ni nécessairement des moyens politiques. Ainsi les Grecs n'ont-ils pas considéré en général les moyens pour former et maintenir l'espace politique comme des activités politiques légitimes, c'est-à-dire qu'ils ne les ont pas reconnus comme une sorte d'action qui serait comprise dans l'essence de la *polis*. Ils étaient d'avis que pour fonder une *polis* un acte légiférant était tout d'abord nécessaire, mais le législateur n'était pas un citoyen de la *polis*, et ce qu'il faisait n'était nullement « politique ». Ils étaient bien plutôt d'avis que, partout où la *polis* a affaire à d'autres États, elle n'avait plus besoin de procéder à proprement parler politiquement, mais devait utiliser la force, soit qu'elle fût menacée dans son existence par la puissance d'autres communautés, soit qu'elle souhaitât en subordonner d'autres. En d'autres termes, ce que nous appelons aujourd'hui la politique étrangère n'était pas pour les Grecs de la politique au sens strict. Nous y reviendrons par la suite[15]. Ce qui nous importe uniquement ici, c'est de comprendre la liberté elle-même comme quelque chose de politique et non pas comme la fin peut-être suprême des moyens politiques, et de considérer que la contrainte et la violence ont toujours constitué des moyens pour garantir l'espace politique ou le fonder et l'élargir, mais qu'ils ne sont pas eux-mêmes politiques. Ils ne sont que des phénomènes annexes au

---

15. Voir plus bas dans ce fragment, p. 111 *sq.*, et plus loin dans le Fragment c où la politique étrangère est considérée comme une notion spécifiquement romaine, p. 171 *sq.*

politique, et c'est précisément pour cette raison qu'ils ne sont pas eux-mêmes politiques.

Si l'on dépasse cet espace du politique – qui, en tant que tel, réalisait et garantissait aussi bien la réalité, telle qu'elle était débattue et attestée par la pluralité, que la liberté de tous – la seule question qui se pose encore est celle d'un sens qui résiderait au-delà de la sphère politique, si, comme l'ont fait les philosophes dans la *polis*, on privilégie le commerce avec le petit nombre par rapport au commerce avec la multitude et si l'on est convaincu que la libre discussion à propos de quoi que ce soit produit non plus la réalité mais la tromperie, non plus la vérité mais le mensonge.

Il semble que c'est Parménide qui, le premier, a exprimé ce point de vue, et il est déterminant qu'il ne se soit pas contenté de séparer les mauvais, qui formaient la multitude, des meilleurs qui étaient moins nombreux – comme tel était le cas en revanche chez Héraclite, ce qui correspondait au fond à l'esprit agonal de la vie politique grecque où chacun devait s'efforcer d'être constamment le meilleur de tous. Parménide distinguait plutôt une voie de la vérité, qui ne s'ouvrait d'une manière générale qu'à l'individu en tant que tel, des voies du mensonge sur lesquelles sont engagés tous ceux qui, peu importe de quelle manière, allaient toujours ensemble. Platon l'a dans une certaine mesure suivi sur ce point, encore que cette adhésion chez Platon ne soit devenue politiquement déterminante que parce qu'elle ne concernait pas un seul individu, mais qu'il a donné, à travers la fondation de l'Académie, une réalité à une conception fondamentale du petit nombre dont le lien était le philosopher, la parole libre.

Platon, le père de la philosophie politique en Occident, a essayé à plusieurs reprises de s'opposer à la *polis* et à sa conception de la liberté. Il s'y est efforcé grâce à une théorie politique dans laquelle les critères du politique ne sont pas créés à partir de celui-ci mais à partir de la philosophie, à travers l'élaboration détaillée d'une constitution dont les lois correspondent aux idées exclusivement accessibles aux philosophes et en définitive même grâce à une influence sur un prince dont on espérait qu'il appliquerait effectivement une telle législation, tentative qui a failli lui coûter la vie et la liberté. La fondation de l'Académie relève également de telles tentatives, qui, en se séparant de la sphère politique proprement dite, s'est réalisée aussi bien contre la *polis* que conformément au sens de cet espace politique spécifiquement grec et athénien, dans la mesure où en effet la discussion constituait son essence véritable. De cette manière était créé, à côté du libre domaine du politique, un nouvel espace de liberté beaucoup plus réel, qui fonctionne aujourd'hui encore sous la forme de la liberté des universités et de la liberté académique. Mais cette liberté, quand bien même fut-elle façonnée à l'image d'une expérience de liberté politique originelle, et bien que Platon lui-même la comprît comme un centre possible ou un point de départ pour déterminer aussi la communauté de la multitude dans le futur, introduisit *de facto* un nouveau concept de liberté dans le monde. A la différence d'une liberté purement philosophique qui ne vaut que pour l'individu, et qui est si éloignée de tout politique que seul le corps du philosophe habite encore la *polis*, cette liberté du petit nombre est de part en part politique. L'espace de liberté de l'Académie devait remplir le rôle de substitut parfaitement valable de la place publique, de l'*agora*, l'espace central de liberté de la *polis*. Pour pouvoir exister en tant que tel, pour pouvoir s'adonner à son activité, le parler ensemble, le petit nombre devait exiger d'être délié des activités de la *polis* et de l'*agora*, de la même manière que les citoyens d'Athènes étaient déliés de toutes les activités qui assuraient leur gagne-pain. Ils devaient être libérés de la politique au sens grec afin d'être libres pour l'espace de liberté académique, de même que les citoyens devaient être libérés des nécessités de la vie pour la politique. Et ils devaient abandonner l'espace proprement politique pour pouvoir pénétrer l'espace « académique », de même que les citoyens devaient abandonner la sphère privée de leur foyer domestique pour pouvoir se rendre sur la place publique. Tout comme la libération du travail et des soucis de la vie était le présupposé indispensable à la liberté du politique, la libération de la politique devint le présupposé nécessaire à la liberté de l'académique.

C'est dans ce contexte que nous entendons parler pour la première fois de la politique comme de quelque chose de nécessaire, du politique dans son ensemble comme d'un moyen en vue d'une fin plus haute et qui lui est extérieure, et qui doit par conséquent trouver sa justification en fonction d'une telle finalité. Il est d'autant plus surprenant que le parallèle que nous venons d'esquisser, et en vertu duquel il semblait que la liberté académique se contentait de remplacer la liberté politique et que la *polis* et l'Académie entretenaient des relations analogues à celles de la *polis* et du foyer domestique, ne soit plus valable ici. Car le foyer domestique (et le souci vital qui en découle dans cette sphère) n'a jamais été justifié comme un moyen en vue d'une fin, comme si, en termes aristotéliciens, la simple vie était un moyen en vue du « bien-vivre » qui ne serait possible que dans le cadre de la *polis*. Ce n'était ni possible ni nécessaire, car, au sein du domaine de la simple vie, la catégorie moyens-fin ne peut absolument pas être utilisée : la fin de la vie et de toutes les activités de travail qui lui sont liées est manifestement la conservation de la vie sans plus, et l'impulsion à travailler pour-pouvoir-se-maintenir-en-vie n'est pas extérieure à la vie mais est incluse dans le processus vital qui nous contraint à travailler tout comme il nous oblige à manger. Si l'on veut comprendre ce rapport entre le foyer et la *polis* en général à l'aide de la catégorie moyens-fin, ce n'est pas la vie telle qu'elle est assurée par le foyer qui constitue le moyen en vue de la fin plus haute de la liberté politique, mais c'est la maîtrise des nécessités vitales, le gouvernement du travail sur les esclaves, tel qu'il s'exerce dans le foyer, qui constitue le moyen de la libération en vue du politique.

Platon a effectivement proposé sous la figure du philosophe-roi une telle libération par la domination, la libération du petit nombre en vue de la liberté de philosopher grâce à la domination sur la multitude, mais une telle proposition n'a été reprise par aucun philosophe après lui et n'a exercé aucune influence politique. En revanche, c'est précisément parce que le but de l'Académie n'était pas prioritairement d'éduquer à la politique, comme les écoles des sophistes et des orateurs, que sa fondation a eu une signification aussi extraordinaire pour l'idée que nous nous faisons encore de l'idée de la liberté. Il se peut que Platon lui-même ait cru que l'Académie pourrait un jour s'emparer de la *polis* et la gouverner. Pour sa postérité, pour les philosophes qui lui ont succédé, la seule chose marquante qui ait subsisté c'est que l'Académie ne garantissait institutionnellement un espace de liberté qu'à un petit nombre, et que cette liberté était dès le début comprise en opposition à la liberté politique de la place publique ; au monde des opinions mensongères et des discours trompeurs devait s'opposer un contre-monde de vérité et du discours correspondant à la vérité, à l'art de la rhétorique devait s'opposer la science de la dialectique. Ce qui s'est établi et qui détermine jusqu'à présent notre représentation de la liberté académique, ce n'est pas l'espoir de Platon de déterminer la *polis* d'en haut au moyen de l'Académie, ni celui de déterminer la politique d'en haut au moyen de la philosophie, mais bien plutôt l'abandon de la *polis*, l'*apolitia*[16], l'indifférence à l'égard de la politique.

Ce qui est décisif, dans ce contexte, ce n'est pas tant le conflit entre la *polis* et les philosophes – sur lequel il nous faudra revenir par la suite en détail[17] – que bien plutôt le simple fait qu'on ne pouvait pas maintenir cette indifférence d'un domaine par rapport à l'autre, dans laquelle a paru s'égarer le conflit pendant un moment, précisément parce que l'espace du petit nombre et de sa liberté, dans la mesure où il était lui aussi une sphère publique et non privée, ne pouvait pas remplir les mêmes fonctions que l'espace politique qui incluait tous ceux qui d'une manière générale étaient capables de liberté. Il est clair que partout où le petit nombre est séparé de la multitude – que ce soit sous la forme d'une indifférence académique ou d'une domination oligarchique – il est devenu dépendant de la multitude pour

---

16. Ce terme n'est lexicalement pas attesté, pas plus que l'*apoliteia*.
17. Cette référence pourrait se rapporter au chapitre prévu « La position socratique ».

toutes les questions de la vie en communauté dans lesquelles on doit agir réellement. Ainsi cette dépendance en termes d'oligarchie platonicienne se laisse interpréter comme si la multitude n'était là que pour exécuter les ordres du petit nombre, c'est-à-dire pour assumer l'action proprement dite. En ce cas, la dépendance du petit nombre est surmontée par la domination, tout comme la dépendance des hommes libres par rapport aux nécessités de la vie pouvait être surmontée par leur domination sur un foyer d'esclaves, et la liberté est fondée sur la violence. A moins que la liberté du petit nombre ne soit de nature purement académique et qu'elle dépende clairement de la bonne volonté du corps politique qui la lui garantit. Mais, dans les deux cas, la politique n'a plus rien à voir avec la liberté, c'est-à-dire qu'elle n'est donc plus politique au sens spécifiquement grec; elle se rapporte bien plutôt à tout ce qui assure l'existence de cette liberté, c'est-à-dire en temps de paix à la gestion et à la préoccupation vitale, et en temps de guerre à la défense. De cette façon, non seulement l'espace de liberté du petit nombre a du mal à s'affirmer contre la sphère du politique qui est déterminée par la multitude, mais elle dépend en outre de la multitude pour sa simple existence : l'existence simultanée de la *polis* est une nécessité vitale pour l'existence de l'Académie, qu'il s'agisse de l'existence de l'Académie de Platon ou de celle plus tardive de l'Université. Mais, de ce fait, le politique dans sa totalité s'est manifestement abaissé d'un degré, celui auquel incombait dans le politique de la *polis* la conservation de la vie, pour devenir une nécessité qui d'un côté s'oppose à la liberté et qui, de l'autre, constitue pourtant son présupposé. Simultanément, ces aspects du politique qui, à l'origine, c'est-à-dire dans l'autocompréhension de la *polis*, ne représentaient que des phénomènes annexes finissent inévitablement par apparaître au centre de cette sphère. Le souci de la vie et la défense ne constituaient pas le centre de la vie politique dans la *polis*, et ils n'étaient politiques au sens strict que dans la mesure où les décisions à leur sujet n'étaient pas décrétées d'en haut, mais prises d'un commun accord au terme d'une discussion et d'une persuasion mutuelles. Mais c'est précisément cela qui devient désormais indifférent quand la politique trouve sa légitimation en fonction du point de vue du petit nombre. Ce qui était décisif, c'était seulement le fait que, pour toutes les questions essentielles dont le petit nombre n'était pas maître, on s'en remettait à la sphère du politique. On maintient certes toujours une relation entre le politique et la liberté, mais il ne s'agit précisément plus que d'une connexion et non plus d'une identité. La liberté en tant qu'elle est la fin de la politique assigne des limites au politique ; toutefois le critère de l'action à l'intérieur de la sphère politique elle-même n'est plus la liberté mais la compétence et la capacité d'assurer la vie.

Cette dégradation de la politique à partir de la philosophie, telle que nous la connaissons depuis Platon et Aristote, dépend entièrement de la distinction entre le petit nombre et la multitude. Elle a eu une influence extraordinaire, que l'on peut suivre jusqu'à nos jours, sur toutes les réponses théoriques à la question du sens de la politique. Mais, sur le plan politique, elle n'a pas eu d'autre conséquence que l'*apolitia* des écoles philosophiques de l'Antiquité ou la liberté d'enseignement académique des Universités. En d'autres termes, son efficacité politique s'est toujours limitée au petit nombre pour lequel l'expérience philosophique était déterminante – une expérience qui, par son insistance et contrairement à son sens propre, conduit au-delà de la sphère politique de la vie commune et de la discussion.

Le fait qu'il n'ait pourtant rien subsisté de cette influence théorique, mais qu'on continue aujourd'hui encore à soutenir bien plutôt l'idée que le politique et les hommes politiques doivent trouver leur légitimation dans des fins plus élevées et extérieures au politique – même si entre-temps la nature de ces fins est devenue beaucoup plus médiocre qu'elle ne l'était originellement –, résulte du rejet et de la réinterprétation du politique par le christianisme, rejet qui n'est identique qu'en apparence mais qui est en réalité très différent, et beaucoup plus radical. A première vue en effet, il pourrait sembler que le christianisme des origines se limite à exiger pour tous cette même liberté, en un certain sens académique, par rapport au politique que celle que les écoles philosophiques de l'Antiquité revendiquaient pour elles-mêmes. Et cette impression se trouve renforcée si nous réfléchissons au fait qu'ici aussi le rejet de ce qui était ouvertement politique allait de pair avec la fondation à nouveaux frais d'un espace subsistant à côté du politique, dans lequel les croyants se retrouvèrent pour former d'abord une assemblée puis une Église. Mais ce parallélisme ne s'est totalement imposé qu'avec l'avènement de l'État sécularisé, dans lequel à vrai dire la liberté académique et la liberté de religion sont étroitement liées, dans la mesure où le corps politique leur garantit à toutes deux la liberté du politique tant sur le plan public que sur le plan juridique. Si l'on entend par politique tout ce qui est simplement nécessaire à la vie en commun des hommes, pour leur permettre ensuite en tant qu'individus ou en tant que communauté nouvelle une liberté au-delà de la sphère politique et des nécessités, il est effectivement légitime de prendre pour critère de la liberté de chaque corps politique le degré de liberté de religion et de liberté académique qu'il tolère, c'est-à-dire encore le périmètre de l'espace de liberté non politique qu'il contient et qu'il assure.

Cette influence déjà immédiatement politique de la liberté par rapport à la politique, dont a extraordinairement profité la liberté académique, ramène précisément à d'autres expériences et, en ce qui concerne la politique, à des expériences plus radicales que celle des philosophes. Pour les chrétiens, il ne s'agit pas d'établir un espace pour le petit nombre à côté de celui de la multitude, ni de fonder un espace pour tous en opposition à l'espace officiel : il s'agit bien plutôt du fait qu'un espace public, qu'il soit pour le petit nombre ou pour la multitude, est inacceptable en raison de son caractère public. Lorsque Tertullien dit « rien ne nous est plus étranger, à nous chrétiens, que les affaires publiques [18] », il met l'accent sur le caractère public. On a l'habitude de considérer, et ce à juste titre, le rejet de la participation aux affaires publiques par le christianisme primitif soit à partir d'une perspective romaine d'une divinité en rivalité avec les dieux de Rome, soit à partir du point de vue du christianisme des origines d'une attente eschatologique, déchargée de tous les soucis mondains. Ce faisant, on omet les tendances proprement antipoli-

---

18. Tertullien, *Apologétique*, XXXVIII : « *Nec ulla magis res aliena quam publica* » (Paris, Les Belles Lettres, 1971, trad. J.-P. Wattzing) : « Nulle chose ne nous est plus étrangère que la politique », p. 81. Cf. Arendt, *Vita activa oder vom tätigen Leben, Neuausgabe* 1981, Munich-Zurich, Piper, 1983, p. 71.

tiques du message chrétien lui-même et l'expérience qui lui est sous-jacente de ce qui est essentiel à la communauté humaine. Il ne fait aucun doute que dans l'enseignement de Jésus l'idéal de bonté joue le même rôle que l'idéal de sagesse dans la doctrine de Socrate : Jésus refuse d'être qualifié de bon par ses disciples, tout comme Socrate refuse que ses disciples le tiennent pour sage. Mais il est de l'essence de la bonté de devoir se cacher, de ne pas être autorisée à apparaître pour ce qu'elle est. Une communauté d'hommes qui estime qu'il faut vraiment régler toutes les affaires humaines en termes de bonté, et qui par conséquent n'est pas effrayée à l'idée d'aimer ses ennemis – fût-ce à titre d'expérience – et de récompenser le mal par le bien, une communauté qui, en d'autres termes, considère que l'idéal de la sainteté est un critère – non seulement pour le salut de l'âme individuelle dans l'éloignement des hommes, mais pour la direction des affaires humaines elles-mêmes – ne peut que se tenir à l'écart de la sphère publique et de sa lumière. Elle doit œuvrer dans l'ombre puisque le fait d'être vu et entendu produit inévitablement cet éclat et cette apparence dans laquelle toute sainteté – de quelque façon qu'elle s'y prenne – se transforme d'emblée en pseudo-sainteté et hypocrisie.

Dans le cas de l'éloignement des premiers chrétiens par rapport à la politique, il ne s'agit donc pas en général d'un abandon de la sphère des affaires humaines comme chez les philosophes. Un tel détachement, qui a pris la forme extrême de la vie en ermite au cours des premiers siècles après Jésus-Christ, aurait été en contradiction notoire avec l'enseignement de Jésus et a été très tôt condamné comme une hérésie par l'Église. La question était bien plutôt que le message chrétien proposait une forme d'existence dans laquelle les affaires humaines en général devaient être renvoyées de la sphère publique pour revenir à une relation personnelle d'homme à homme. Le fait que l'on ait par la suite identifié et peut-être métamorphosé cette relation personnelle – dans la mesure où elle s'opposait manifestement au domaine public et politique – à la sphère privée est lié à la nature de la situation historique. La sphère privée a été comprise tout au long de l'Antiquité gréco-romaine comme la seule alternative à la sphère publique, c'est-à-dire que ce qui était déterminant pour l'interprétation des deux espaces, c'était le contraste entre ce que l'on voulait montrer à tout le monde et la manière dont on souhaitait apparaître à tout le monde, et ce qui ne pouvait exister que dans l'ombre et qui devait donc rester caché. Ce qui a été décisif sur le plan politique, c'est que le christianisme recherchait l'obscurité tout en maintenant la prétention d'entreprendre dans le secret ce qui avait toujours été l'affaire de la sphère publique [19].

Nous n'avons pas besoin d'entrer plus avant dans ce contexte tel qu'il s'est accompli au cours de l'histoire et qui a transformé le caractère du christianisme de manière si consciente et si radicalement antipolitique

---

19. Dans l'original, on trouve à la suite le texte suivant entre guillemets : « Car les chrétiens, non contents d'être miséricordieux, prétendent "exercer la justice", et faire l'aumône, comme il en est question dans Matthieu, 6, 1 *sq.*, est une conception commune aux juifs et aux premiers chrétiens qui découle de la justice et non de la miséricorde – à ceci près que cette activité ne doit pas paraître aux yeux des hommes, ne doit pas être vue par eux, mais demeure bien plutôt résolument dans l'obscurité, de sorte que la main gauche doit ignorer ce que fait la droite, c'est-à-dire que l'homme qui agit ne doit pas être spectateur de sa propre action. »

qu'une sorte de politique chrétienne a pu s'imposer : ce fut l'œuvre – abstraction faite de la nécessité historique telle qu'elle s'est accomplie par l'intermédiaire de la chute de l'Empire romain – d'un seul homme, Augustin, et cela fut possible grâce à la tradition de la pensée romaine si extraordinairement vivante en lui encore. Cette réinterprétation qui prend ici naissance a été d'une importance décisive pour toute la tradition occidentale, et pas seulement pour la tradition des théories et des pensées, mais pour le contexte dans lequel prenait place l'histoire politique réelle. Le corps politique accepta également pour la première fois l'idée que la politique serait un moyen en vue d'une fin plus haute et qu'il ne pouvait s'agir de la liberté en politique que dans la mesure où le politique a libéré des territoires déterminés. A ceci près que, désormais, la liberté par rapport au politique ne concernait plus exclusivement le petit nombre mais devint au contraire l'affaire de la multitude qui ne devait ni n'avait à se soucier des affaires du gouvernement, tandis que le petit nombre se voyait assigner le fardeau de se soucier de l'ordre politique nécessaire dans les affaires humaines. Toutefois ce fardeau et cette tâche ne découlent pas, comme chez Platon et comme chez les philosophes, de la condition humaine fondamentale, de la pluralité en tant que condition humaine fondamentale qui lie le petit nombre à la multitude et l'individu à la communauté. Cette pluralité est bien plutôt affirmée et le mobile qui détermine le petit nombre à prendre en charge le fardeau du gouvernement n'est pas la peur d'être gouverné par les plus mauvais. Augustin exige expressément que la vie des saints se déroule elle aussi dans une « société » et il reconnaît par l'institution d'une *Civitas Dei*, d'un

État divin, que la vie des hommes est également déterminée par des conditions politiques même dans un autre monde, en sorte qu'il laisse ouverte la question de savoir si même dans l'au-delà le politique est encore ou non un fardeau. En tout cas, le motif pour se charger du fardeau de la politique terrestre n'est pas la peur, mais l'amour du prochain.

C'est cette transformation du christianisme telle qu'elle s'est accomplie dans la pensée et dans l'action d'Augustin qui a finalement permis de séculariser la fuite chrétienne dans l'ombre, au point que les croyants ont construit au sein du monde un espace public tout à fait nouveau, religieusement déterminé, qui, tout en étant public, n'était pas politique. Le caractère public de cet espace des croyants – le seul dans lequel à travers tout le Moyen Age les besoins politiques spécifiques des hommes pouvaient trouver droit – a toujours été ambigu : c'était tout d'abord un espace de rassemblement, ce qui ne veut pas dire tout simplement un bâtiment dans lequel les hommes se rassemblent, mais un espace qui avait été construit intentionnellement pour rassembler les hommes. En tant que tel, il ne devait pas se transformer en un espace d'apparence, si tant est que le contenu spécifique du message chrétien devait être conservé. Mais il était impossible d'empêcher cela puisqu'il est dans la nature de l'espace public, qui se constitue par le rassemblement du plus grand nombre, de s'établir comme un espace d'apparition. La politique chrétienne a toujours été confrontée à cette double tâche : d'un côté, s'assurer l'influence sur la politique séculière, en sorte que le lieu de rassemblement des croyants, qui n'est pas en lui-même politique, soit protégé de l'extérieur ; et, d'un autre côté, empê-

Introduction à la politique II

cher qu'un lieu de rassemblement ne devienne un espace d'apparition, et par conséquent que l'Église ne devienne une puissance séculière-mondaine parmi d'autres. Ainsi s'est trouvé démontré le fait que l'engagement avec le monde, qui correspond à tout ce qui est spatial et qui doit le laisser apparaître et briller, est beaucoup plus difficile à combattre que la revendication de puissance du séculier qui s'y annonce de l'extérieur. Car, une fois que la Réforme parvint finalement à éloigner des Églises tout ce qui était lié à l'éclat et à l'apparence pour les transformer à nouveau en lieux de rassemblement pour ceux qui vivaient, conformément à l'Évangile, dans le retrait, le caractère public de ces espaces disparut également. Même si le mouvement de Réforme n'avait pas été suivi de la sécularisation de toute la vie publique, ce dont les réformateurs sont considérés comme les précurseurs, et même si à la suite de cette sécularisation la religion n'était pas devenue une affaire privée, l'Église protestante aurait eu du mal à pouvoir assumer la tâche de fournir un substitut à la citoyenneté antique, une tâche que l'Église catholique avait sans aucun doute remplie pendant de longs siècles après la chute de l'Empire romain.

Quoi qu'il en soit de telles possibilités hypothétiques et de telles alternatives, le fait décisif c'est que, depuis la fin de l'Antiquité et la naissance d'un espace public ecclésial, la politique séculière est restée liée aux nécessités de la vie qui découlent de la communauté humaine et sous la protection d'une sphère plus haute qui, jusqu'à la fin du Moyen Age, était spatialement tangible dans l'existence des Églises. L'Église avait besoin de la politique, aussi bien à vrai dire de la politique mondaine des puissances séculières que de la politique religieuse à l'intérieur du domaine ecclésial, pour pouvoir se maintenir et s'affirmer sur terre et dans le monde terrestre en tant qu'Église visible, à la différence de l'Église invisible dont l'existence pour la foi n'a jamais été contestée par la politique. Et la politique à son tour a besoin de l'Église, non seulement de la religion mais de l'existence tangible dans l'espace des institutions religieuses pour démontrer sa justification supérieure en vue de sa légitimation. Ce qui a changé avec l'émergence de l'époque moderne, ce n'est pas tant la fonction du politique : ce n'est pas comme si on avait accordé une dignité nouvelle et exclusive au politique en tant que tel. Ce qui a changé, ce sont bien plutôt les domaines en vue desquels la politique est apparue comme nécessaire. La sphère religieuse retomba dans l'espace privé tandis que la sphère de la vie et de ses nécessités – que l'Antiquité tout comme le Moyen Age avaient considérée comme la sphère privée par excellence – recevait une nouvelle dignité et pénétrait dans l'espace public sous la forme de la société. C'est pourquoi nous devons distinguer au plan politique entre les démocraties égalitaires du XIXe siècle, pour lesquelles la participation de tous au gouvernement, quelle que soit sa forme, est toujours le signe inconditionnel de la liberté du peuple du despotisme éclairé du début de l'époque moderne, qui estimait que « la liberté du peuple consiste à détenir le gouvernement de ces lois grâce auxquelles sa vie et ses biens lui reviennent en propre, et non pas dans le fait de partager le gouvernement qui ne lui revient pas [20] ». Dans les

---

20. Charles Ier avant sa décapitation le 3 janvier 1649 : « En ce qui concerne le peuple, je désire vraiment sa liberté tout autant

deux cas, le gouvernement est un espace d'action dont relève maintenant le politique : il sert à protéger la libre productivité de la société et à garantir la sécurité de l'individu dans sa sphère privée. Quelle que soit la relation entre le citoyen et l'État, la liberté et la politique demeurent décidément séparées l'une de l'autre, et le fait d'être libre – au sens d'une activité positive se déployant librement – se trouve localisé dans un domaine où il est question de choses qui, compte tenu de leur nature, ne peuvent être communes à tous : la vie et la propriété, et par conséquent ce qui est propre à chacun. Le fait que la sphère de ce qui nous est propre, de l'*idion*, où le fait de s'attarder apparaissait dans l'Antiquité comme une limitation « idiotique », se soit considérablement élargie grâce au phénomène nouveau d'un espace social et de forces productives sociales et non plus individuelles ne change rien au fait que les activités indispensables au maintien de la vie et de la propriété ou encore à l'amélioration de la vie et à l'accroissement de la propriété sont subordonnées à la nécessité et non à la liberté. Ce que l'époque moderne attendait de son État et ce que cet État a effectivement continué à accomplir dans une large mesure, c'était une libération de l'individu en vue du développement des forces productives sociales, de la production commune de biens nécessaires à une vie « heureuse ».

---

qu'un autre. Mais je dois vous dire que sa liberté consiste à avoir un gouvernement – ces lois grâce auxquelles sa vie et ses biens lui appartiennent en propre. Il ne s'agit pas de participer au gouvernement. Ce n'est pas son affaire. » Cité d'après Hugh Ross, *The Day They Killed The King*, New York, MacMillan, 1957, p. 139-144. Williamson remarque qu'il existe plusieurs versions de ce discours.

Cette conception moderne de la politique, en vertu de laquelle l'État a une fonction de société ou est un mal nécessaire en vue de la liberté sociale, s'est établie sur le plan pratique et théorique en opposition à toutes les représentations, d'un genre complètement différent et inspirées par l'Antiquité, d'une souveraineté du peuple ou de la nation, qui réapparaissent toujours à nouveau dans toutes les révolutions modernes. Ce n'est qu'au cours de ces révolutions, qu'il s'agisse de la révolution américaine, de la révolution française au XVIIIe siècle et jusqu'à la révolution hongroise dans un passé plus récent, que le fait de prendre-part-au-gouvernement et le fait d'être libre coïncident. Toutefois ces révolutions et les expériences directes de possibilités d'action politique qui leur sont liées ne se sont jusqu'à présent en tout cas pas concrétisées en une forme de gouvernement. Depuis l'avènement de l'État-Nation, l'opinion commune est qu'il est du devoir du gouvernement de garantir la liberté de la société de l'intérieur comme de l'extérieur, et si besoin au moyen de la violence. La participation des citoyens au gouvernement, quelle que soit sa forme, ne passe pour nécessaire à la liberté que parce qu'il faut que l'État, dans la mesure où il doit nécessairement disposer des moyens de la violence, soit contrôlé par les gouvernés dans l'exercice d'une telle violence. C'est de là que provient cette idée selon laquelle, en établissant une sphère si limitée soit-elle d'action politique, on crée un pouvoir face auquel on ne peut protéger la liberté que si l'exercice de sa puissance est constamment surveillé. Ce que nous entendons aujourd'hui par gouvernement constitutionnel, qu'il soit de nature monarchique ou républicaine, c'est un gouvernement essentiellement limité dans son autorité et dans l'usage de sa force, un gouvernement sous contrôle des gouvernés. Il va sans dire que cette limitation et ce contrôle s'exercent au nom de la liberté de la société comme de l'individu; il s'agit de limiter, autant qu'il est possible et autant qu'il est nécessaire, l'espace étatique du gouvernement pour permettre une liberté extérieure à la sienne. Il ne s'agit donc pas, en tout cas pas prioritairement, de permettre la liberté d'agir et d'exercer une activité politique; toutes deux demeurent une prérogative du gouvernement et des professionnels de la politique qui proposent au peuple d'être leurs représentants au moyen du système parlementaire pour représenter ses intérêts à l'intérieur de l'État et, le cas échéant, contre l'État. En d'autres termes, la relation entre politique et liberté est comprise à l'époque moderne également de telle sorte que la politique est un moyen et la liberté sa fin suprême. La relation elle-même n'a donc pas été modifiée, même si le contenu et le degré de liberté se sont modifiés de façon tout à fait extraordinaire. On peut donc en gros répondre aujourd'hui à la question du sens de la politique à l'aide de catégories et de concepts qui sont étonnamment anciens et par là aussi étonnamment respectables, et ce bien que l'époque moderne se distingue de façon décisive des époques précédentes, non pas tant par ses aspects politiques que par ses aspects spirituels ou matériels. Le seul fait que l'on ait émancipé les femmes et les classes laborieuses, c'est-à-dire des groupes qui auparavant n'étaient jamais apparus dans la vie publique, confère un visage radicalement nouveau à toutes les questions politiques.

En ce qui concerne maintenant cette détermination de la politique comme un moyen en vue de l'établissement d'une liberté qui réside en dehors de sa sphère, elle ne vaut pour l'époque moderne que de façon très limitée, même si elle nous en fournit toujours des témoignages. De toutes les réponses modernes à la question du sens de la politique, c'est celle qui demeure la plus étroitement attachée à la tradition de la philosophie politique occidentale, et elle se manifeste au sein de la pensée de l'État-Nation de la manière la plus claire dans le primat de la politique extérieure [21] telle que Ranke l'a décrite, mais qui est au fondement de tous les États-Nations. La définition que Theodor Eschenburg [22] a formulée en ces termes – l'État qui s'accompagne du primat de la politique intérieure et donc « l'État comme détenteur de la force de la violence est une institution indispensable à la vie en société » – est beaucoup plus significative pour le caractère égalitaire des formes de gouvernement moderne et pour l'émancipation des travailleurs et des femmes qui s'est ensuivie à l'époque moderne, et qui a révélé, politiquement parlant, son aspect le plus révolutionnaire. Entre ces deux conceptions – celle selon

---

21. Cf. par exemple Leopold von Ranke, « Les grandes puissances » (1833), in *Geschichte und Politik : Ausgewählte Aufsätze und Meisterschriften*, éd. Hans Hofmann, Stuttgart, Kröner, 1942, p. 1-53. Nous n'avons pas réussi à découvrir si Arendt se réfère ici, ainsi qu'en d'autres passages, directement à Ranke ou si son affirmation consiste simplement en une appréciation générale de l'œuvre de Ranke. Cf. pourtant, dans la même anthologie de Ranke, « Discours politiques » (1836), p. 78-114 (p. 97) : Le titre vraisemblablement choisi par l'éditeur sur cette page est « Primat de la politique étrangère » ; Ranke fait dire à Charles : « En politique, il semble que les relations étrangères doivent jouer un grand rôle. »

22. Cf. Theodor Eschenburg, *Staat und Gesellschaft in Deutschland*, Stuttgart, Schwab, 1956, p. 19. La citation d'Eschenburg affirme : « L'État en tant que détenteur de la violence est une institution indispensable à la société. »

laquelle l'État et le politique constituent une institution indispensable pour la liberté, et celle qui voit en eux une institution indispensable à la vie – réside une contradiction insurmontable, même si les tenants de ces thèses n'en sont guère conscients. Il est très différent de considérer la liberté ou la vie comme le bien suprême, comme la norme en fonction de laquelle toute action politique se juge et est jugée. Si nous entendons par politique quelque chose qui, quelles que soient ses innombrables modifications, n'en demeure pas moins par essence un produit de la *polis*, de cette alliance entre politique et vie résulte alors une contradiction interne qui annule et détruit l'élément spécifiquement politique.

Cette contradiction s'exprime de la manière la plus concrète en ceci que le privilège du politique a toujours consisté à exiger que les hommes qui y participent consentent, en certaines circonstances, le sacrifice de leur vie. On peut bien sûr comprendre cette prétention au sens où l'on exige de l'individu qu'il sacrifie sa vie au processus vital de la société, et il existe effectivement ici une corrélation qui limite au moins le risque de la vie : personne ne peut ni n'a le droit de risquer sa propre vie si, ce faisant, il met également en danger la vie de l'humanité. Nous aurons l'occasion de revenir [23] sur cette relation maintenant que nous en avons pleinement conscience, dans la mesure où nous disposons pour la première fois de la possibilité de mettre un terme à la vie de l'humanité et à toute la vie organique en général. En effet, il n'existe pratiquement pas de

---

23. Dans les fragments posthumes, cette idée se trouve développée essentiellement dans le Fragment 3d.

catégorie politique ni de concept politique traditionnel qui, mesuré à cette possibilité très récente, ne se révèle dépassé sur le plan théorique, et inapplicable sur le plan pratique, et ce précisément parce qu'il y va en un sens pour la première fois en politique étrangère de la vie, c'est-à-dire de la survie de l'humanité.

Mais ce retour en arrière, qui réfère la liberté elle-même à la survie de l'humanité, n'élimine pas l'antagonisme entre liberté et vie qui a animé tout le politique et qui demeure déterminant pour toutes les vertus spécifiquement politiques. On serait même tout à fait fondé de dire que précisément le fait qu'il y va aujourd'hui en politique de l'existence pure et simple de tous constitue le signe le plus clair du malheur auquel notre monde est parvenu, malheur qui consiste entre autres choses en ce qu'il fait peser la menace d'éliminer la politique de la surface de la terre. Car le risque qui doit être exigé de celui qui se consacre à la sphère du politique, où il doit délibérer de tout plutôt que de sa vie [24], ne concerne nullement, aussi longtemps du moins que tout se déroule normalement, la vie de la société, de la nation ou du peuple, à laquelle il aurait dû sacrifier la sienne. Le risque concerne bien plutôt exclusivement la liberté, la sienne comme celle du groupe auquel l'individu peut appartenir, et avec elle l'assurance d'un monde dans lequel ce groupe ou ce peuple vit et auquel il est parvenu grâce au travail de générations, pour trouver à l'action et à la parole, c'est-à-dire aux activités spécifi-

---

[24]. L'expression, que l'on n'utilise plus guère aujourd'hui, *zur Rat halten*, délibérer, est peut-être inspirée du poème de Goethe *Amyntas* dont le dernier vers énonce : « Celui qui a confiance dans l'amour, délibère-t-il au sujet de sa vie ? » Je dois cette indication au docteur Lotte Köhler, qui gère le Fonds Arendt.

quement politiques, un séjour fiable et sur lequel il puisse durablement compter. Dans les conditions normales, c'est-à-dire dans les conditions qui étaient la règle en Europe depuis l'Antiquité romaine, la guerre n'était en effet que la poursuite de la politique avec d'autres moyens, c'est-à-dire qu'elle pouvait toujours être évitée si l'un des adversaires se décidait à céder aux exigences de l'autre. Une telle acceptation pouvait certes coûter la liberté mais non point la vie.

Aujourd'hui de telles conditions n'existent plus, comme nous le savons tous, et elles nous paraissent, à les considérer rétrospectivement, comme une sorte de paradis perdu. Pourtant, si le monde dans lequel nous vivons aujourd'hui ne se laisse pas dériver de façon causale, pas plus qu'il ne s'explique au sens d'un processus automatique à partir de la modernité, il a pourtant émergé sur le sol de cette modernité. En ce qui concerne le politique, cela signifie qu'aussi bien la politique intérieure, pour laquelle la vie constituait la fin suprême, que la politique étrangère, pour laquelle la liberté constituait le bien suprême, ont considéré que la violence et l'action violente étaient leur contenu spécifique. En définitive, ce qui a été déterminant, c'est le fait que l'État se soit réellement organisé comme le « détenteur de la violence », la finalité des moyens de la violence fût-elle indifféremment la vie ou la liberté. Toujours est-il que la question du sens de la politique concerne aujourd'hui l'opportunité ou non de ces moyens de la violence publique ; elle prend son point de départ dans le simple fait que la violence, qui doit protéger la vie ou la liberté, est devenue si incroyablement puissante qu'elle menace non seulement la liberté mais la vie même. C'est parce qu'il s'est avéré que c'est précisément l'accroissement des moyens étatiques de la violence qui met en question le processus vital de l'humanité tout entière que la réponse, en elle-même encore plus hautement problématique, que la modernité a préparée à la question du sens de la politique redouble aujourd'hui d'ambiguïté.

Cet accroissement inouï des moyens de la violence et de l'anéantissement a été rendu possible non seulement grâce aux découvertes techniques, mais du fait que l'espace publico-politique était devenu, non seulement dans l'évidence théorique de la modernité, mais dans la réalité brutale, le lieu de la violence. C'est uniquement pour cette raison que le progrès technique a pu devenir de façon si prioritaire un progrès dans les possibilités d'anéantissement réciproque. Car partout où des hommes agissent ensemble naît la puissance, et, étant donné que l'agir-ensemble humain se produit essentiellement dans l'espace politique, la puissance potentielle inhérente à toutes les affaires humaines a prévalu dans un espace qui est régi par la violence. C'est de là que provient l'impression que la puissance et la violence sont une seule et même chose, ce qui de fait est très largement le cas dans les conditions modernes. Mais, compte tenu de leur origine et de leur sens propre, non seulement la puissance et la violence ne sont pas une seule et même chose, mais elles sont même en un certain sens opposées. Pourtant, là où la violence, qui est à proprement parler un phénomène individuel ou qui ne concerne que quelques personnes, s'allie à la puissance, laquelle suppose la pluralité, on assiste à un renforcement incroyable du potentiel de la violence, lequel, bien qu'il ait été pour sa part suscité par la puissance d'un espace organisé, croît et se déploie par la suite, comme tout potentiel de violence, aux dépens de la puissance.

Aujourd'hui, depuis la découverte des armes atomiques, la question de savoir quel est le rôle de la violence dans les relations étatiques, et par exemple comment on peut interrompre l'utilisation des moyens de la violence, se tient à l'arrière-plan de toute politique. Mais le phénomène de la surpuissance de la violence aux dépens de tout autre facteur politique est beaucoup plus ancien ; il s'est manifesté dès la Première Guerre mondiale et les grandes batailles de matériel sur le front occidental de la guerre. Il est remarquable à ce sujet que ce nouveau rôle funeste d'une violence qui se développe de façon automatique et en s'accroissant constamment chez tous les participants soit apparu de façon tout à fait imprévue, surprenant tous les intéressés, qu'il s'agisse du peuple, des hommes d'État ou de l'opinion publique. En effet, l'accroissement de la violence dans l'espace publico-étatique s'était accompli pour ainsi dire à l'insu des hommes agissants, en un siècle qui a compté vraisemblablement parmi les plus pacifiques et les moins violents de l'histoire. L'époque moderne, qui a considéré avec une détermination plus grande que jamais auparavant la politique comme un simple moyen de conserver et d'encourager la vie de la société et qui s'est par conséquent efforcée de limiter les compétences du politique au strict nécessaire, a imaginé non sans raison qu'elle serait mieux préparée que tous les siècles précédents au problème de la violence. Elle a effectivement réussi à exclure en pratique l'élément de la violence et à faire complètement disparaître la domination directe de l'homme sur l'homme de la sphère sans cesse élargie de la vie sociale. L'émancipation des classes laborieuses et des femmes, c'est-à-dire des deux catégories humaines qui étaient soumises à la violence au cours de toute l'histoire prémoderne, montre très clairement le point culminant de cette évolution.

Nous laisserons dans un premier temps en suspens la question de savoir si cette diminution de la violence dans la vie sociale doit être mise sur le même plan qu'un gain de liberté. Au sens de la tradition politique, le fait de ne pas être libre reçoit en tout cas une double détermination. Il consiste tout d'abord à être subordonné à la violence d'un autre, mais également, et tout aussi originellement, à être soumis à la nécessité brute de la vie. L'activité qui répond à la contrainte à laquelle la vie elle-même nous oblige à nous procurer le nécessaire est le travail. Dans toutes les sociétés prémodernes, on pouvait se libérer de ce travail en contraignant d'autres hommes à travailler pour soi, c'est-à-dire en recourant à la violence et à la domination. Dans la société moderne, le travailleur n'est plus assujetti à aucune violence ni à aucune domination, il est contraint par la nécessité directe inhérente à la vie elle-même. La nécessité a donc ici pris la place de la violence, et la question subsiste de savoir s'il est plus facile de s'opposer à la contrainte de la violence ou à la contrainte de la nécessité. En outre, le développement tout entier de la société passe dans un premier temps, c'est-à-dire jusqu'au moment où l'automation élimine effectivement le travail, par la transformation uniforme de tous ses membres en « travailleurs », c'est-à-dire en hommes dont l'activité, quelle qu'elle soit, sert tout d'abord à produire ce qui est nécessaire à la vie. Même en ce sens, le fait d'éloigner la violence de la vie en société n'a pour l'instant pas d'autre conséquence que d'octroyer à la nécessité, à laquelle la vie contraint tout le monde, un espace incomparablement plus grand qu'auparavant. La vie de la société est effectivement dominée par la nécessité et non par la liberté, et ce n'est pas un hasard si le concept de nécessité est devenu si prédominant dans toutes les philosophies modernes de l'histoire au sein desquelles précisément la pensée moderne s'est orientée de façon philosophique en cherchant à parvenir à la conscience de soi.

Le refoulement de la violence hors du domaine privé du foyer domestique et hors de la sphère semi-privée du social s'est effectué de façon tout à fait consciente ; c'est précisément pour pouvoir réussir à vivre quotidiennement sans violence que l'on a renforcé la violence des pouvoirs publics, de l'État – dont on croyait qu'il pouvait en demeurer maître puisqu'on l'avait expressément défini comme un simple moyen en vue de cette fin que constitue la vie en société, le libre développement des forces productives. Que les moyens de la violence pussent par eux-mêmes devenir productifs, c'est-à-dire en quelque sorte s'accroître (et même se renforcer) comme les forces productives sociales d'autrefois, voilà qui n'est pas venu à l'esprit de l'époque moderne parce qu'à ses yeux la sphère particulière de la productivité allait de pair avec la société et non avec l'État. L'État apparaissait déjà comme spécifiquement non productif et, dans les cas extrêmes, comme un phénomène parasite. C'est précisément parce que l'on avait limité la violence à la sphère de l'État, laquelle était en outre subordonnée dans les gouvernements constitutionnels au contrôle de la société par le système des partis, que l'on croyait avoir limité la violence elle-même à un minimum qui, en tant que tel, devait demeurer constant.

Nous savons que c'est exactement l'inverse qui s'est produit. L'époque qui, considérée historiquement, est la plus pacifique, la moins violente, a immédiatement engendré le plus grand et le plus effrayant déploiement des moyens de la violence, et cela n'est un paradoxe qu'en apparence. Ce sur quoi l'on n'avait pas compté, c'est sur la combinaison spécifique de la violence et de la puissance, qui ne pouvait avoir lieu que dans la sphère publico-étatique, car c'est seulement en elle que les hommes agissent ensemble et manifestent leur puissance. Peu importent la manière étroite dont on délimite les compétences de cette sphère ou la manière précise dont on trace ses frontières par la constitution et d'autres contrôles : le simple fait qu'elle doive demeurer un domaine politico-public produit de la puissance ; et cette puissance risque à vrai dire de tourner au malheur si, comme c'est le cas à l'époque moderne, elle se concentre presque exclusivement sur la violence, puisque cette violence s'est déplacée de la sphère privée de l'individu à la sphère publique de la pluralité. Quelque absolue qu'ait pu être également la violence du chef sur sa famille, au sens large, à l'époque prémoderne – et elle a assurément été suffisamment importante pour qu'on puisse qualifier de despotisme, au sens plein du terme, le gouvernement du foyer domestique – cette violence se limitait toutefois à l'individu qui l'exerçait : il s'agissait d'une violence complètement impuissante qui demeurait stérile sur le plan économique comme sur le plan politique. Et quelque funeste qu'ait pu être également l'exercice de la violence du maître de maison sur ceux qui y étaient soumis, les

Introduction à la politique II

moyens de la violence en eux-mêmes ne pouvaient pas se développer dans ces conditions : ils ne pouvaient pas constituer un danger pour tous puisqu'il n'y avait pas de monopole de la violence.

Nous avons vu que l'idée selon laquelle le politique est un royaume de moyens dont la finalité et la norme doivent être cherchées à l'extérieur de lui-même est très ancienne et également très respectable. Toutefois, à l'heure actuelle, ces idées sont devenues équivoques en ce qu'elles ont placé ce qui à l'origine constituait des phénomènes marginaux et accessoires du politique – la violence qui peut être nécessaire pour se protéger, et le souci de la vie qui doit être garanti pour qu'une liberté politique puisse être possible – au centre de toute action politique, en même temps qu'elles ont fait de la violence le moyen dont la fin suprême devait être la conservation et l'organisation de la vie. La crise consiste en ce que la sphère politique menace cela en vue de quoi elle tirait pourtant sa légitimation. Dans de telles circonstances, la question du sens de la politique se modifie. La question aujourd'hui ne s'énonce plus tellement dans ces termes : quel est le sens de la politique ? Au sentiment des peuples qui, un peu partout, se sentent menacés par la politique et parmi lesquels les meilleurs ont consciemment pris leurs distances par rapport à la politique, on comprend que corresponde mieux la question qu'ils se posent et que d'autres se posent : la politique a-t-elle finalement encore un sens ?

Ces questions sont à la base des opinions concernant ce qu'est proprement la politique et que nous avons brièvement esquissées auparavant. Ces idées ont peu varié au cours des nombreux siècles. Ce qui a changé, c'est simplement que ce qui constituait à l'origine le contenu des jugements, lesquels provenaient directement d'expériences légitimes déterminées – l'appréciation et la condamnation du politique à partir de l'expérience du philosophe ou du chrétien, de même que la correction de tels jugements et la légitimation limitée du politique – est devenu depuis longtemps déjà de l'ordre des préjugés. Les préjugés jouent toujours un grand rôle et un rôle justifié dans l'espace politico-public. Ils concernent ce que nous partageons tous les uns avec les autres de manière involontaire et où nous ne pouvons plus juger parce que nous n'avons presque plus l'occasion de faire une expérience directe. Tous ces préjugés, dans la mesure où ils sont légitimes et ne consistent pas en un vain bavardage, sont d'anciens jugements. Sans eux, aucun homme ne pourrait vivre parce qu'une existence dépourvue de tout préjugé exigerait une vigilance surhumaine, une disponibilité constante à accueillir et à être concerné à chaque instant par la totalité du réel, comme si chaque jour était le premier ou le dernier, au sens du Jugement dernier, ce qui est impossible. Par conséquent, préjugés et bêtise sont bien distincts. C'est précisément parce que les préjugés possèdent toujours une légitimité intrinsèque que l'on n'ose s'attaquer à eux que lorsqu'ils ne remplissent plus leur fonction, c'est-à-dire lorsqu'ils ne sont plus aptes à délivrer une partie de la réalité à l'homme qui juge. Mais c'est précisément à ce moment-là, lorsque les préjugés entrent en conflit ouvert avec la réalité, qu'ils commencent à devenir dangereux et que les hommes qui pensent ne se sentent plus protégés par eux, commencent à les dévider et à en faire le fondement de cette sorte de théorie perverse que nous appelons ordinairement les idéologies ou les visions du monde. Contre ces formations d'idéologies qui naissent à partir des préjugés, il est inutile de dresser une vision du monde opposée à l'idéologie en vigueur : il faut simplement tenter de remplacer les préjugés par des jugements. Pour ce faire, il est inévitable de ramener les préjugés eux-mêmes aux jugements qu'ils recèlent en eux, et ces jugements à leur tour doivent être ramenés aux expériences qu'ils recèlent et qui leur ont donné le jour.

Les préjugés, qui, dans la crise actuelle, s'opposent à la compréhension théorique de ce dont il s'agit proprement dans la politique, concernent presque toutes les catégories politiques avec lesquelles nous sommes habitués à penser et en tout premier lieu la catégorie moyens-fin – qui interprète le politique dans le cadre d'une finalité extérieure à lui-même –, puis l'idée selon laquelle le contenu de la politique est la violence, et enfin la conviction que la domination est le concept central de la théorie politique. Tous ces jugements et préjugés proviennent d'une méfiance qui n'est en elle-même pas injustifiée à l'égard du politique. Mais cette méfiance très ancienne a subi une nouvelle transformation dans le préjugé contemporain contre la politique. Depuis la découverte de la bombe atomique est venue s'ajouter la peur tout à fait légitime que l'humanité soit éliminée de la surface de la terre par la politique et par les moyens de la violence dont elle dispose. De cette peur naît l'espoir que l'humanité se rendra à la raison et qu'elle se débarrassera plutôt de la politique que d'elle-même. Et cet espoir n'est pas moins légitime que cette peur. Car l'idée que la politique existera toujours et partout où il y a des hommes est elle-même un préjugé, et l'idéal socialiste d'un stade final de l'humanité dépourvu d'État, ce qui veut dire chez Marx débarrassé de la politique, n'est nullement utopique : il est tout simplement effrayant [25].

Il est dans la nature de notre question, où nous avons toujours affaire à la pluralité et au monde qui naît entre les hommes, que nous ne puissions jamais, traitant d'elle, omettre l'opinion publique. Mais pour cette opinion publique la question du sens de la politique est aujourd'hui plus urgente compte tenu de la menace que font peser sur l'homme la guerre et l'armement atomique. C'est pourquoi il est essentiel de commencer nos considérations par une réflexion sur la question de la guerre.

Fragment 3c

Chapitre II : La question de la guerre

A. La guerre totale

Lorsque les premières bombes atomiques tombèrent sur Hiroshima, fournissant ainsi une fin rapide et inattendue à la Seconde Guerre mondiale, le monde fut

---

25. Dans l'original, le texte entre guillemets se termine ainsi : « *Marx war leider ein viel besserer Historiker als Theoretiker, und er hat zumeist als Theorie nur ausgesprochen und begrifflich verschärft, was als historische Tendenz objektiv nachweisbar war. Das Absterben des Politischen gerade gehört zu diesen objektiv nachweisbaren Tendenzen der Neuzeit* » (Marx était malheureusement bien meilleur historien que théoricien, et il s'est la plupart du temps contenté d'exprimer sous la forme théorique et de renforcer sur le plan conceptuel ce qui pouvait être démontré objectivement comme une tendance historique. Le dépérissement du politique fait précisément partie de ces tendances de l'époque moderne objectivement démontrables).

saisi d'effroi. On ne pouvait pas encore savoir à l'époque combien cet effroi était justifié. Car cette bombe qui rasa une ville de la surface de la terre accomplit en quelques minutes seulement ce qui auparavant aurait nécessité l'utilisation pendant des semaines, voire des mois, d'une attaque aérienne massive systématique. Que la conduite de la guerre pût à nouveau, comme dans l'Antiquité, décimer non seulement les peuples qu'elle frappait, mais transformer le monde qu'ils habitaient en un désert, les spécialistes le savaient depuis le bombardement de Coventry et à vrai dire le monde entier depuis les bombardements massifs sur les villes allemandes. L'Allemagne était déjà un champ de ruines, la capitale du pays un amas de décombres et la bombe atomique, telle que nous la connaissons depuis la Seconde Guerre mondiale, même si elle représentait quelque chose de radicalement nouveau dans l'histoire de la science, ne constituait rien d'autre – dans le cadre de la conduite de la guerre moderne, et par conséquent dans le domaine des affaires humaines ou plus exactement des affaires qui se déroulent entre les hommes, domaine dont traite la politique – que le point culminant atteint pour ainsi dire d'un saut, ou le court-circuit vers lequel tendait de toute façon le cours des événements en une accélération de plus en plus frénétique.

En outre, la destruction du monde et l'anéantissement de la vie humaine par les instruments de la violence ne sont ni nouveaux ni effroyables, et ceux qui ont toujours été d'avis qu'une simple condamnation de la violence finirait bien par conduire à une condamnation du politique en général n'ont cessé d'avoir raison que depuis quelques années, et plus précisément depuis la découverte de la bombe à hydrogène. En détruisant le monde, on ne détruit rien d'autre que ce qui a été produit par la main de l'homme, et la violence qu'implique cette destruction correspond en tout point à la violence qui est inconditionnellement inhérente à tous les processus de production humains. Les instruments de violence nécessaires à la destruction sont créés pour ainsi dire à l'image des instruments de production et l'arsenal technique de chaque époque les englobe tous deux de la même manière. Ce que les hommes produisent, ils peuvent également le détruire, et réciproquement, ce qu'ils détruisent ils peuvent à nouveau le reconstruire. Le pouvoir de détruire et le pouvoir de produire s'équilibrent. La force qui détruit le monde et qui lui fait violence est toujours la même force de nos mains qui a fait violence à la nature et qui a détruit une chose naturelle – par exemple un arbre, pour en extraire le bois et pour construire quelque chose en bois – pour construire le monde.

Mais le pouvoir de détruire et le pouvoir de produire ne s'équilibrent pas toujours de façon parfaite. Cet équilibre n'est valable que pour ce qui a été produit par les hommes et non pas pour le domaine moins tangible, mais qui n'en est pas moins réel, des relations entre les hommes et qui résultent de l'action au sens le plus large. Nous y reviendrons par la suite [26]. Ce qui est décisif pour notre situation présente, c'est que, dans le monde particulier des choses proprement dit, l'équilibre entre la destruction et la reconstruction ne peut se maintenir que pour autant que la technique n'a affaire qu'à un processus de production ; or ce n'est précisément plus le cas depuis la découverte de l'énergie

26. Voir plus bas dans ce Fragment, p. 135 *sq.*, 155, 171 *sq.*

atomique, même si aujourd'hui encore nous vivons communément dans un monde conditionné par la révolution industrielle. Même dans un tel monde, nous n'avons plus seulement affaire à des choses naturelles qui réapparaissent transformées de telle ou telle façon dans le monde façonné par l'homme, mais plutôt à des processus naturels que l'homme produit par imitation et qui sont directement introduits dans le monde des hommes. Or ce qui est précisément caractéristique de ces processus, c'est que, tout comme le processus d'un moteur à explosion conduit essentiellement à des explosions, ils conduisent historiquement parlant à des catastrophes, chacune de ces explosions ou de ces catastrophes propulsant toutefois vers l'avant le processus lui-même. Nous nous trouvons aujourd'hui, dans presque tous les domaines, précisément confrontés à un tel processus, où les explosions et les catastrophes non seulement ne conduisent plus à la ruine mais au contraire à un progrès incessant qu'elles ont elles-mêmes stimulé, sans qu'il soit nécessaire, pour l'instant et dans le présent contexte, de considérer l'ambivalence de cette sorte de progrès. La meilleure représentation qui peut en être fournie sur le plan politique consiste dans le fait que la défaite catastrophique de l'Allemagne a contribué dans une grande mesure à faire aujourd'hui de ce pays l'un des plus modernes et des plus avancés d'Europe ; tandis que sont restés en arrière les pays qui, à la différence de l'Amérique, ne sont pas si exclusivement conditionnés par la technique que le rythme du processus de production et de consommation y rend momentanément encore superflues les catastrophes, ou ceux qui, à la différence de la France, n'ont pas subi une destruction catastrophique tout à fait tangible. L'équilibre entre la production et la destruction n'est pas perturbé par cette technique moderne ni par le processus dans lequel elle a entraîné le monde des hommes. Il semble au contraire que, au cours de ce processus, ces capacités étroitement apparentées aient grandi côte à côte de façon encore plus indissociable, de telle sorte que la production et la destruction, même lorsqu'elles sont pratiquées à une très grande échelle, se révèlent pourtant finalement n'être que les deux phases à peine discernables du même processus ; ainsi, pour prendre un exemple quotidien, la démolition d'une maison n'est que la première étape de la construction de l'édifice, l'édification de la maison elle-même, dans la mesure où elle n'est prévue que pour une durée de vie déterminée, pouvant précisément être comprise dans un processus incessant de démolition et de reconstruction.

On a souvent mis en doute, et ce à juste titre, le fait que dans un tel processus de progrès déclenché par les hommes eux-mêmes, et qui conduit nécessairement à des catastrophes, ceux-ci puissent encore conserver la maîtrise du monde qu'ils ont construit et des affaires humaines. Ce qui est le plus déconcertant, c'est l'apparition des idéologies totalitaires dans lesquelles l'homme se comprend comme un exposant de ces processus catastrophiques qu'il a lui-même déclenchés et dont la fonction essentielle consiste en ce qu'il est au service du processus continu et de sa progression qui s'accélère constamment. Mais en ce qui concerne une telle adéquation inquiétante, il ne faudrait tout de même pas oublier qu'il ne s'agit que d'idéologies et que les forces naturelles que l'homme a mises à son service se mesurent encore à l'aide de chevaux-vapeur, c'est-à-dire en unités naturelles qui peuvent être déduites directement de l'environnement de l'homme. Lorsque l'homme parvient, en utilisant la nature, à doubler ou à centupler sa propre force, l'on peut y voir une violence faite à la nature, à supposer que l'on soit d'accord avec la parole biblique selon laquelle l'homme a été créé pour protéger la terre, pour la servir, et non pas au contraire pour la soumettre à son service. Mais, indépendamment de la question de savoir qui, en vertu d'un décret divin, doit servir ou être au service de qui, il n'en demeure pas moins incontestable que la force de l'homme, qu'il s'agisse de sa force de production ou de sa force de travail, est un phénomène naturel, que la possibilité de la violence lui est inhérente, qu'elle est donc encore elle-même naturelle et qu'en définitive l'homme, aussi longtemps qu'il n'a affaire qu'à des forces naturelles, reste dans un domaine terrestre, naturel, dont lui-même et ses propres forces font partie dans la mesure où il est un être vivant organique. Cet état de choses ne se trouve en rien modifié du fait qu'il utilise sa propre force conjointement à celle qu'il emprunte à la nature pour fabriquer quelque chose d'absolument non naturel, à savoir un monde, c'est-à-dire quelque chose, qui, sans lui, « naturellement », n'aurait pas pu exister. Pour le dire autrement : aussi longtemps que la faculté de production et de destruction s'équilibrent tout va bien pour ainsi dire, et ce que les idéologies totalitaires de l'asservissement de l'homme affirment quant aux processus qu'il a déchaînés n'est en définitive qu'un vain bavardage, contredit par le fait que les hommes conservent la domination du monde qu'ils ont édifié et la maîtrise du potentiel destructeur qu'ils ont créé.

Tout cela s'est trouvé modifié pour la première fois

du fait de la découverte de l'énergie atomique, c'est-à-dire de la découverte d'une technique qui dérive des processus énergétiques nucléaires. Car, ici, ce ne sont pas des processus naturels qui sont déclenchés, mais des processus qui n'entrent pas en ligne de compte dans la nature terrestre qui sont orientés sur la terre pour fabriquer le monde ou pour le détruire. Ces processus eux-mêmes dérivent de l'univers qui entoure la terre, et l'homme qui les soumet à son pouvoir ne se conduit plus ici comme un être vivant naturel, mais comme un être qui, même s'il ne peut vivre que dans les conditions de la terre et de sa nature, est pourtant en mesure de s'orienter également dans l'univers. Ces forces universelles ne peuvent plus se mesurer en chevaux-vapeur ou en fonction d'autres paramètres naturels, et, dans la mesure où elles ne sont plus de nature terrestre, elles peuvent détruire la terre de la même façon que les processus naturels manipulés par l'homme pouvaient détruire le monde qu'il avait construit. L'effroi qui s'est emparé de l'homme à l'annonce des premières bombes atomiques était un effroi face à cette force provenant de l'univers, c'est-à-dire au sens propre cette force surnaturelle, et le périmètre des maisons et des rues détruites tout comme le nombre des vies humaines anéanties n'avaient d'importance que dans la mesure où la nouvelle source d'énergie découverte pouvait provoquer dès sa naissance la mort et la destruction à une très grande échelle et possédait donc une force symbolique étrangement impressionnante.

Cet effroi se mêla d'une indignation qui le supplanta rapidement, indignation tout aussi justifiée, et sur le moment beaucoup plus actuelle, suscitée par le fait qu'on aurait tout aussi bien pu démontrer politiquement et avec la même efficacité la toute-puissance, absolue à l'époque, des nouvelles armes, non pas sur des villes habitées, mais dans un désert ou sur une île déserte. Cette indignation laissait présager l'énormité monstrueuse dont nous venons seulement de prendre conscience, et qu'aucun état-major des grandes puissances n'ose plus nier aujourd'hui, à savoir le fait qu'une fois commencée une guerre sera inévitablement menée avec les armes dont pourront disposer chaque fois les puissances belligérantes. Cela n'est évident que si le but de la guerre n'est plus limité et si sa fin n'est plus un traité de paix entre les gouvernements belligérants, mais si la victoire doit s'accompagner de l'anéantissement de l'État, voire de l'anéantissement physique de l'adversaire. Cette possibilité ne s'est exprimée que très vaguement au cours de la Seconde Guerre mondiale ; elle était déjà implicite dans l'exigence de capitulation inconditionnelle face à l'Allemagne et au Japon, toutefois elle ne s'est réalisée dans toute son horreur que lorsque les premières bombes atomiques sur le Japon démontrèrent soudainement au monde entier que les menaces d'anéantissement complet n'étaient pas des paroles vides mais qu'on avait bel et bien les moyens de les exécuter. Aujourd'hui, plus personne ne doute qu'une troisième guerre mondiale qui se développerait de façon cohérente avec ces possibilités puisse se terminer autrement que par l'anéantissement des vaincus. Nous sommes déjà tellement fascinés par la guerre totale que nous avons du mal à nous imaginer que, après une guerre entre la Russie et l'Amérique, la constitution américaine ou le régime actuel soviétique puissent survivre à une défaite. Mais cela signifie que dans une guerre à venir l'enjeu ne serait plus un accroissement ou une perte de pouvoir, des frontières, des débouchés ni même l'espace vital, c'est-à-dire des choses que l'on pourrait obtenir sans violence sur la base de négociations politiques. Ainsi la guerre a-t-elle cessé d'être l'*ultima ratio* des pourparlers qui ont lieu dans les négociations et qui, jusqu'au moment de leur interruption, prévoyaient la définition des objectifs de la guerre, en sorte que les actions militaires qui s'ensuivaient n'étaient effectivement rien d'autre qu'une poursuite de la politique à l'aide d'autres moyens. L'enjeu est bien plutôt ici ce qui n'a naturellement jamais pu être l'objet de pourparlers, à savoir l'existence brute d'un pays et d'un peuple. C'est seulement à ce stade, où la guerre ne présuppose plus comme donnée la coexistence des partis ennemis et où elle entend régler les conflits qui naissent entre eux au moyen de la violence, que la guerre a effectivement cessé d'être un instrument de la politique et qu'elle a commencé, en tant que guerre d'anéantissement, à faire éclater les limites établies par le politique et par conséquent à l'anéantir lui-même.

On sait que cette guerre totale, comme nous disons aujourd'hui, a ses origines dans les régimes totalitaires auxquels elle est effectivement inévitablement rattachée ; la guerre d'anéantissement est la seule guerre qui corresponde au système totalitaire. Ce furent des pays sous gouvernement totalitaire qui ont proclamé la guerre totale, mais ce faisant ils ont nécessairement imposé la loi de leur action au monde non totalitaire. Dès lors qu'un principe d'une telle portée apparaît dans le monde, il est naturellement presque impossible de le limiter, par exemple, à un conflit entre pays totalitaires et pays non totalitaires. C'est ce qu'on a très clairement vu lorsque la bombe atomique a été utilisée contre le Japon et non pas contre l'Allemagne hitlérienne pour laquelle elle avait été originellement fabriquée. L'indignation face au phénomène venait entre autres de ce que, si l'on avait bien affaire à une puissance impérialiste, il ne s'agissait toutefois pas d'une puissance totalitaire.

Ce qu'avaient en commun l'effroi qui a envahi toutes les considérations politico-morales et la réaction d'indignation directement politique et morale, c'était la prise de conscience de ce que signifiait effectivement la guerre totale et la reconnaissance que la conduite de la guerre totale était un fait accompli non seulement pour les pays sous gouvernement totalitaire, et pour les conflits qu'ils déchaînaient, mais pour le monde entier. Ce qui en principe depuis les Romains, et de fait depuis les trois ou quatre derniers siècles que nous appelons l'époque moderne, paraissait impossible, parce que cela ne s'était plus produit au cœur du monde civilisé, à savoir l'extermination de peuples entiers et le fait de rayer de la surface de la terre des civilisations tout entières, était réapparu d'un seul coup comme une menace dans la sphère du possible-trop possible. Et une telle possibilité, bien qu'elle constituât une réponse à une menace totalitaire – puisqu'aucun savant n'aurait probablement pensé à fabriquer la bombe atomique s'il n'avait pas redouté que l'Allemagne de Hitler pût la fabriquer et l'utiliser – devint subitement une réalité qui n'avait pratiquement plus rien à voir avec le mobile dont elle tirait son origine.

Pour la première fois peut-être à l'époque moderne, mais certainement pas dans l'histoire dont la mémoire nous a été conservée, une limite inhérente à l'action violente a été outrepassée, conformément à laquelle la destruction au moyen des instruments de la violence ne peut toujours être que partielle et ne concerner que des fragments de monde et un certain nombre de vies humaines, mais jamais un pays tout entier ou un peuple tout entier. Toutefois le fait que le monde d'un peuple tout entier puisse être rasé de la terre, que les murs de la ville puissent être démolis, les hommes tués et le reste de la population vendu en esclavage s'est souvent produit au cours de l'histoire, et les siècles de l'époque moderne ont été les seuls à croire que cela ne pourrait plus se reproduire. Que cela représente l'un des péchés capitaux peu nombreux du politique, on l'a toujours su plus ou moins explicitement. Le péché capital – ou, pour le dire de façon moins pathétique, le dépassement des limites inhérentes à l'action violente – consiste en deux choses : d'une part le meurtre ne concerne plus un petit nombre ou un grand nombre d'hommes, qui de toute façon doivent mourir, mais un peuple et sa constitution politique, lesquels sont potentiellement, et dans le cas de la constitution, conformément à l'intention qui l'a établie, immortels. Ce que l'on tue là ce n'est pas quelque chose de mortel, mais quelque chose de potentiellement immortel. En outre, et étroitement lié à cela, la violence ici ne s'étend pas seulement à ce qui a été produit – et qui de son côté ayant pris naissance grâce à la violence peut donc être reconstruit grâce à un effort violent – mais à une réalité historico-politique abritée dans ce monde produit et qui, étant donné qu'elle n'a pas été produite, ne peut pas non plus être restaurée. Lorsqu'un peuple perd sa liberté étatique, il perd sa réalité politique, quand bien même parvient-il à survivre physiquement.

Ce qui est détruit ce faisant, ce n'est pas un monde issu de la production, mais un monde de relations humaines, issu de la parole et de l'agir, qui par eux-mêmes sont sans fin, et qui – bien qu'il soit constitué des choses les plus éphémères qui puissent exister, la parole qui vole et l'action vite oubliée – possède une grande stabilité au point que parfois, comme dans le cas du peuple juif, il peut survivre pendant des millénaires à la perte d'un monde produit tangible. Mais il s'agit là d'une exception, et d'une manière générale ce système de relations qui naît de l'action dans lequel le passé continue à vivre sur le mode de l'histoire qui parle et dont on parle ne peut exister qu'à l'intérieur du monde produit, entre les pierres duquel il se niche, jusqu'à ce qu'elles aussi parlent et en parlant témoignent, même lorsqu'on les extrait du sein de la terre. Toute cette sphère spécifiquement humaine qui constitue le politique au sens étroit du terme peut certes être détruite par la violence, mais elle n'est pas née de la violence et sa destination intrinsèque n'est pas une fin violente.

Ce monde de relations n'est absolument pas né de la force ou du pouvoir des individus isolés, mais de la pluralité dont la communauté a pour effet d'engendrer le pouvoir, pouvoir face auquel la puissance suprême de l'individu isolé devient impuissance. Un tel pouvoir peut être aussi bien affaibli que régénéré par toute une série de facteurs possibles, mais seule la violence peut complètement l'éliminer si elle devient totale et si elle ne laisse subsister littéralement aucune pierre sur une autre ni aucun homme à côté de l'autre. Cela fait partie de l'essence du gouvernement totalitaire qui ne se contente pas sur le plan de la politique intérieure d'intimider les individus, mais qui anéantit toutes les relations existant entre les hommes au moyen de la terreur systématique. La guerre totale, qui ne se contente pas de détruire des objectifs militaires stratégiquement importants, mais pour laquelle il s'agit de détruire le monde entier créé par les hommes, ce dont elle possède désormais également les moyens techniques, correspond à ce gouvernement totalitaire.

Il serait assez facile de démontrer que les théories politiques et les codes moraux occidentaux ont toujours essayé d'exclure la guerre d'anéantissement proprement dite de l'arsenal des moyens politiques, et il serait probablement encore plus facile de montrer combien l'efficacité de telles théories et de telles prétentions n'a rien produit de bon. Curieusement, la nature de ces choses, qui au sens large concernent le niveau de civilité que l'homme s'impose, confirme le mot de Platon selon lequel c'est la poésie, de même que les images et les exemples qui font l'éducation « de la postérité en glorifiant par milliers les exploits des anciens » (*Phèdre*, 245)[27]. Dans l'Antiquité, tout au moins en ce qui concerne le politique pur, l'archétype de ces images exaltantes était la guerre de Troie, dont les vainqueurs et les vaincus étaient respectivement considérés comme les ancêtres des Grecs et des Romains. Ainsi ces peuples devinrent-ils, comme Mommsen[28] avait coutume de le

---

27. Le passage de Platon dit : « La troisième forme de possession et de folie est celle qui vient des Muses. Lorsqu'elle saisit une âme tendre et vierge, qu'elle l'éveille et qu'elle la plonge dans une transe bachique qui s'exprime sous forme d'odes et de poésies de toutes sortes, elle fait l'éducation de la postérité en glorifiant par milliers les exploits des anciens », *Phédon, Le Banquet, Phèdre*, Paris, Garnier-Flammarion, 1989, trad. L. Brisson, p. 116.

28. Theodor Mommsen, *Histoire romaine, op.cit.*, vol. 1, p. 17.

dire, « les jumeaux » de l'Antiquité, parce que c'était la même entreprise qui était au commencement de leur existence historique. Et cette guerre des Grecs contre Troie, qui s'acheva par une destruction si complète de la ville que l'on a pu croire jusqu'à une époque très récente qu'elle n'avait jamais existé, peut être considérée aujourd'hui encore comme l'archétype de la guerre d'anéantissement.

Pour réfléchir sur la signification politique de cette guerre d'anéantissement qui nous menace à nouveau, qu'il nous soit permis de méditer une fois encore sur ces précédents antiques et sur leur stylisation ; essentiellement parce que, en glorifiant cette guerre, aussi bien les Grecs que les Romains ont défini avec beaucoup de ressemblances et beaucoup de différences, pour eux-mêmes, et donc dans une certaine mesure également pour nous, la signification véritable de la politique et la place qu'elle[29] devait occuper dans l'histoire. Ce qui est de première importance c'est que l'épopée d'Homère n'omet pas de mentionner l'homme vaincu, qu'elle témoigne en faveur non moins d'Hector que d'Achille et que, dans la mesure où la victoire des Grecs et la défaite troyenne ont été décidées et établies à l'avance par les dieux, cette victoire n'élève pas plus Achille qu'elle ne diminue Hector, ne rend pas la cause des Grecs plus juste, pas plus qu'elle ne rend plus injuste la défaite des Troyens. Homère chante donc la guerre d'anéantissement vieille de plusieurs siècles en sorte que dans un certain sens, c'est-à-dire au sens de la mémoire poétique et historique, il efface l'anéan-

---

29. Dans le manuscrit, on trouve « *es* », le pronom neutre qui renvoie « au politique » (plutôt qu'à « la politique »).

tissement. Cette grande impartialité d'Homère, qui n'est pas l'objectivité au sens de la liberté moderne des valeurs mais bien plutôt au sens d'une liberté absolue d'intérêts et d'une indépendance complète du jugement de l'histoire, laquelle s'oppose au jugement de l'homme qui agit et au concept de grandeur, est à la base de toute l'historiographie, et pas seulement occidentale : en fait, ce que nous entendons par histoire n'a jamais ni nulle part existé auparavant sans une influence au moins indirecte du modèle homérique. C'est la même idée que nous retrouvons dans l'introduction d'Hérodote lorsqu'il dit vouloir empêcher que « les grands et merveilleux exploits qui ont été accomplis tant par les Grecs que par les barbares, ne cessent d'être renommés [30] », idée qui, comme l'a justement dit Burckhardt, « n'aurait pas pu venir à l'esprit d'un Égyptien ou d'un Juif [31] ».

On sait que l'effort des Grecs pour transformer la guerre d'anéantissement en une guerre politique n'a jamais été au-delà de ce sauvetage posthume poétique et historico-commémoratif des vaincus et des vainqueurs inauguré par Homère, et cette incapacité a finalement causé la perte des cités-États grecques. En ce qui concerne la guerre, la *polis* grecque a suivi un autre chemin dans la détermination du politique. Elle a fait de l'*agora* homérique le centre de la *polis*, en tant qu'elle est le lieu de rencontre et de dialogue des hommes libres, et elle a centré le facteur proprement

---

30. Hérodote, *Histoires*, I, 1, *Clio*, Paris, Les Belles Lettres, 1970, p. 12.
31. Jacob Burckhardt, *Histoire de la culture grecque, op. cit.*, vol. 3, p. 406.

« politique » – à savoir ce qui relève uniquement de la *polis* et que les Grecs refusaient en conséquence à tous les barbares et aux hommes qui n'étaient pas libres – autour de la communauté, de l'être-l'un-avec-l'autre et du parler-ensemble-de-quelque-chose, en interprétant toute cette sphère sous le signe d'un *peitho* divin, d'une force de conviction et de persuasion qui règne sans violence et sans contrainte entre égaux et qui décide de tout. En revanche, la guerre et la violence qui lui est liée, a été complètement exclue de ce qui est proprement politique, de ce qui avait surgi entre les membres d'une *polis* et qui était valable entre eux. La *polis* en tant que totalité utilisait la violence à l'égard d'autres États ou d'autres cités-États mais, ce faisant, elle se comportait, d'après sa propre opinion, de façon « non politique ». Au cours de ces actions guerrières, l'égalité de principe entre les citoyens, entre lesquels il ne pouvait y avoir ceux qui commandaient et ceux qui obéissaient, était supprimée. C'est précisément parce que l'action guerrière ne peut pas exister sans commandement et sans obéissance et ne peut s'en remettre à la persuasion lorsqu'il s'agit de prendre des décisions qu'elle relevait, pour la pensée grecque, d'une sphère non politique. Elle appartenait au fond à ce que nous appelons la politique étrangère ; ici la guerre n'est pas la poursuite de la politique à l'aide d'autres moyens, mais au contraire le fait de négocier et de conclure des traités était compris comme une poursuite de la guerre à l'aide d'autres moyens, les moyens de la ruse et du mensonge.

Toutefois l'influence de l'épopée homérique sur le développement de la *polis* grecque ne s'est pas limitée à cette élimination purement négative de la violence hors du domaine politique, ce qui a eu pour seule conséquence que les guerres, après comme avant, ont été menées en vertu du principe selon lequel le plus fort fait ce qu'il peut, tandis que le plus faible endure ce qu'il doit [32]. Ce qu'il y a de proprement homérique dans la représentation de la guerre de Troie s'est pleinement exprimé dans la manière dont la *polis* a associé à son organisation le concept de combat en tant que forme non seulement légitime, mais, en un certain sens, en tant que forme suprême de l'être-ensemble humain. Ce que l'on appelle communément l'esprit agonal des Grecs, et qui contribue sans aucun doute à expliquer (dans la mesure où il est possible d'expliquer ce genre de choses) que nous trouvions dans les quelques siècles de sa floraison une concentration de génie beaucoup plus considérable et plus significative dans presque tous les domaines qu'en tout autre lieu, ne consiste pas simplement dans l'aspiration à se montrer partout et toujours le meilleur, ce dont Homère parlait déjà et qui avait effectivement une signification telle pour les Grecs qu'ils possédaient dans leur langue le verbe *aristeuein* (être le meilleur) pour l'exprimer, lequel pouvait être compris non seulement comme une aspiration mais comme une activité absorbant toute la vie. Cette compétition trouvait son modèle originaire dans le combat entre Hector et Achille qui, indépendamment de la victoire et de la défaite, offre à chacun l'occasion de se montrer tel qu'il est véritablement, c'est-à-dire d'accéder effectivement à l'apparaître, et par là de devenir pleinement réel. Il en va tout à fait de même en ce qui

---

32. Voir Thucydide, *La Guerre du Péloponnèse*, V, 89, Paris, Les Belles Lettres, 1967, p. 166.

concerne la guerre entre les Grecs et les Troyens qui fournit à chacun l'occasion d'accéder pleinement à la phénoménalité, et à laquelle correspond une querelle divine qui non seulement confère sa pleine signification à la bataille qui fait rage sur terre, mais qui atteste clairement de la présence d'un élément divin de chaque côté, quand bien même l'une des deux parties est-elle destinée à périr. La guerre contre Troie a deux aspects, et Homère la voit avec les yeux des Troyens non moins qu'avec les yeux des Grecs. Cette manière homérique de démontrer que toutes les choses ont deux aspects qui ne se révèlent que dans le combat est également au fondement de la parole d'Héraclite selon laquelle le combat est « le père de toutes choses[33] ». Ici, la violence de la guerre dans toute son horreur dérive encore directement de la puissance et de la force de l'homme qui ne peut démontrer cette énergie tranquille qu'il possède qu'en se confrontant à quelque chose ou à quelqu'un sur lequel il la met à l'épreuve.

Ce qui chez Homère apparaît encore presque indistinct, la puissance violente des grandes actions et la force enthousiasmante des grandes paroles qui les accompagnent, et qui précisément exercent un effet de persuasion sur la communauté des hommes qui voient et entendent, s'est ensuite séparé de manière nettement distincte, que ce soit dans les compétitions – les seules occasions où la Grèce tout entière se rassemblait pour admirer le déploiement de la force sans violence – ou dans les joutes d'orateurs et dans l'incessant parler-ensemble à l'intérieur de la *polis*. Du même coup, l'am-

---

33. Héraclite, *Les Fragments*, Paris, PUF, 1986, trad. M. Conche, p. 129.

bivalence des choses, qui chez Homère était encore directement exemplifiée dans le combat singulier lui-même, ressortit exclusivement du domaine de la parole où chaque victoire devient aussi ambiguë que la victoire d'Achille et où une défaite peut être tout aussi glorieuse que celle d'Hector. Mais les joutes oratoires ne se réduisent pas à la confrontation entre deux orateurs qui apparaissent en tant que personnes, puisque chaque discours, si « objectif » qu'il se prétende, possède la caractéristique, certes difficile à appréhender, mais qui n'en est pas moins frappante et essentielle, de révéler également l'orateur. A partir de cette ambivalence avec laquelle Homère pouvait raconter la guerre de Troie dans sa totalité, on aboutit à une infinie pluralité de points de vue à propos des objets dont on parle, et qui, du fait qu'ils sont l'objet de discussions de tant de personnes en présence de tant d'autres, sont conduits à la lumière de l'espace public où ils sont pour ainsi dire contraints de révéler tous leurs aspects. C'est seulement à partir d'une telle totalité de points de vue qu'une seule et même chose peut apparaître dans toute sa réalité, par où il faut entendre que chaque chose peut apparaître sous autant d'aspects et autant de perspectives qu'il y a de participants. Dans la mesure où l'espace publico-politique est pour les Grecs l'espace commun *(koinon)* où tous se rassemblent, il est également le seul espace dans lequel toutes choses peuvent être mises en valeur en prenant en considération tous leurs aspects. Cette faculté, fondée en dernière analyse sur l'impartialité homérique qui consiste à envisager une même chose tout d'abord à partir de points de vue opposés, puis sous tous ses aspects, possède dans l'Antiquité une intensité passionnelle unique et inégalée jusqu'à notre époque même. On la trouve encore à la base des artifices des sophistes dont on sous-estime la signification pour l'affranchissement de la pensée humaine par rapport aux liens dogmatiques si, à l'instar de Platon, on la juge d'un point de vue moral. Et pourtant, cette faculté extraordinaire de l'argumentation n'est que secondaire pour la constitution du politique tel qu'il est advenu pour la première fois dans la *polis*. Ce qui est décisif, ce n'est pas de pouvoir retourner les arguments et mettre les affirmations sens dessus dessous, mais d'avoir acquis la capacité de *voir* réellement les choses de différents côtés, c'est-à-dire, politiquement parlant, d'être capable d'assumer toutes les positions possibles présentes dans le monde réel à partir desquelles on peut observer la même chose – laquelle révèle ainsi, abstraction faite de son identité, les aspects les plus différents. Il s'agit là de quelque chose de bien plus que de la mise entre parenthèses de l'intérêt personnel, purement négatif et qui comporte en outre le danger, du fait de l'obstacle qu'il impose à l'intérêt particulier, de perdre le lien avec le monde et la sympathie pour les objets et les choses qui s'y déroulent. La faculté de considérer la même chose à partir des points de vue les plus différents persiste dans le monde des hommes, mais elle se borne à échanger la position propre naturellement donnée contre celle des autres avec lesquels on peut partager le même monde, et elle accomplit ainsi une véritable liberté de mouvement dans le monde spirituel, tout à fait comparable à la liberté de mouvement dans le domaine physique. La persuasion et la conviction mutuelles, qui constituaient la véritable relation politique entre les citoyens libres de la *polis*, présupposaient une sorte de liberté qui n'était liée de manière immuable ni physiquement ni spirituellement à la position ou au point de vue propre.

Son idéal particulier, et par conséquent le critère de l'aptitude spécifiquement politique, réside essentiellement dans la *phronesis*, dans ce discernement de l'homme politique (du *politikos*, et non de l'homme d'État, car il n'y en avait pratiquement pas en ce monde), laquelle a si peu à voir avec la sagesse qu'Aristote l'a précisément définie par opposition à la sagesse des philosophes. Faire preuve de discernement en matière politique ne signifie rien d'autre qu'acquérir et avoir bien présente à l'esprit la perspective dominante par rapport aux points de vue et aux positions possibles, à partir desquels on peut considérer la situation et la juger. On n'entendit pratiquement plus parler pendant des siècles de cette *phronesis* qui, chez Aristote, constitue la vertu cardinale proprement politique. Nous la retrouvons chez Kant dans la discussion de l'entendement humain sain comme faculté du jugement. Il l'appelle le « mode de penser élargi » et la définit explicitement comme la faculté de « penser en se mettant à la place de tout autre être humain [34] », encore qu'il soit malheureusement caractéristique que cette faculté politique par excellence ne joue pratiquement aucun rôle dans ce qui constitue proprement la philosophie de Kant, à savoir le développement de l'impératif catégo-

---

34. Kant, *Critique de la faculté de juger*; livre II, Analytique du Sublime, § 40, in *Œuvres philosophiques*, Paris, Gallimard, coll. « Bibliothèque de la Pléiade », 1985, trad. J.-R. Ladmiral, Marc B. de Launay, J.-M. Vaysse, p. 1073. Cf. Hannah Arendt, *Juger. Sur la philosophie politique de Kant* (suivi de deux essais interprétatifs par Ronald Beiner et Myriam Revault d'Allonnes), Paris, Éd. du Seuil, 1991, trad. M. Revault d'Allonnes, p. 70 *sq* et 108 *sq*.

rique. Car la validité de l'impératif catégorique dérive du « toujours penser en accord avec soi-même [35] », et la raison législatrice ne présuppose pas les autres mais seulement un Soi qui ne se contredise pas. En vérité, la faculté proprement politique dans la philosophie kantienne n'est pas la raison législatrice, mais la faculté du jugement caractérisée par la possibilité de s'élever au-dessus des « conditions subjectives et particulières du jugement [36] ». Au sens de la *polis*, l'homme politique dans sa distinction particulière était également celui qui était le plus libre puisque, grâce à sa faculté de discernement, à sa faculté de considérer toutes les positions, il jouissait de la plus grande liberté de mouvement.

Mais il est important de se rendre compte qu'une telle liberté du politique dépendait complètement de la présence et de l'égalité du plus grand nombre. Une chose ne peut se montrer sous plusieurs aspects que lorsqu'il y a plusieurs personnes auxquelles elle apparaît à chaque fois sous différentes perspectives. Là où ces autres qui sont égaux, et leurs opinions particulières, sont abolis, comme c'est le cas dans la tyrannie, où tous et tout est sacrifié au point de vue du tyran, personne n'est libre et personne n'est capable de discernement, pas même le tyran. En outre, cette liberté du politique, qui dans son élaboration suprême coïncidait avec le discernement, n'a pas le moindre rapport avec notre libre arbitre ni avec la *libertas* romaine ou le *liberum arbitrium* chrétien, elle a même si peu à voir avec tout cela que la langue grecque n'a pas de mot pour la désigner. L'individu considéré dans son isolement n'est

---

35. Kant, *ibid.*
36. *Ibid.*, p. 280.

jamais libre ; il ne peut le devenir que lorsqu'il pénètre dans la *polis* et y agit. Avant que la liberté ne devienne une manière de distinguer un homme ou un type d'hommes – par exemple les Grecs des barbares –, elle n'est rien de plus qu'un attribut pour une forme déterminée de l'organisation des hommes entre eux. Son origine ne réside jamais dans l'intériorité de l'homme, qu'il s'agisse de sa volonté, de sa pensée ou de ses sentiments, mais dans l'espace intermédiaire qui ne naît que là où plusieurs personnes se retrouvent ensemble et qui ne peut durer qu'aussi longtemps qu'elles restent ensemble. Il existe un espace de la liberté et était libre celui qui y était admis, et inversement celui qui en était exclu n'était pas libre. Le droit de pénétrer dans cet espace, et par conséquent la liberté, était un bien pour l'individu, tout aussi déterminant pour son existence que l'étaient la fortune ou la santé.

Ainsi, la liberté était-elle, pour la pensée grecque, elle-même enracinée, liée à une position et délimitée spatialement, et les limites de l'espace de la liberté coïncidaient avec les remparts de la ville, de la *polis*, ou, plus exactement encore, avec l'*agora* qu'elle circonscrivait. A l'extérieur de ces limites se trouvaient d'une part l'étranger où l'on ne pouvait pas être libre, parce qu'on n'y était plus un citoyen ou mieux un homme politique ; et, d'autre part, le foyer domestique privé où l'on ne pouvait pas non plus être libre parce qu'il manquait d'autres égaux, qui ensemble seulement constituaient l'espace de la liberté. Ce dernier élément fut également d'une importance décisive pour l'idée très différente que les Romains se faisaient du politique, de la chose publique, de la *res publica* ou de la République. Pour les Romains, la famille faisait à ce point partie du domaine de l'absence de liberté que Mommsen a traduit sans détour le mot « famille » par celui d'« esclavage »[37]. Mais la raison de cet esclavage était double ; il consistait d'une part en ce que le *pater familias*, le père de famille, régnait seul en véritable monarque ou despote sur la pluralité de la communauté domestique composée de la femme, des enfants et des esclaves et qui formait la *familia*, en sorte que les égaux devant lesquels il aurait pu apparaître dans toute sa liberté lui faisaient défaut. En second lieu, il consistait en ce que ce foyer domestique, dominé par un seul, n'autorisait aucun combat ni aucune compétition, parce qu'il devait former une communauté que des intérêts, des positions et des points de vue antagonistes ne pouvaient que détruire. Du même coup, était automatiquement supprimée cette multitude d'aspects dans lesquels se mouvoir librement constituait le contenu propre de l'être-libre, de l'agir-libre et de la parole libre. En bref, la non-liberté était le présupposé d'une unité en elle-même indivise, qui était aussi constitutive pour la communauté familiale que la liberté et le combat l'étaient pour le vivre-ensemble dans la *polis*. Le libre espace de la *polis* apparaît ainsi comme une île d'où se trouve exclu le principe de la violence et de la contrainte dans les relations humaines. Ce qui subsiste à l'extérieur de ce petit espace, la famille d'un côté et les relations de la *polis* elle-même avec les autres unités politiques de l'autre côté, demeure soumis au principe de la contrainte et au droit du plus fort. D'après la conception antique, le statut de l'individu dépend complètement de l'espace dans lequel il lui arrive d'évoluer, au point que le même

---

37. Cf. Mommsen, *Histoire romaine*, *op. cit.*, vol. 1, p. 58

homme, qui, en tant que fils adulte d'un père romain, « était soumis à son père comme s'il était sa propriété, pouvait se retrouver, en qualité de citoyen, dans la situation de lui commander [38] ».

Mais revenons à notre point de départ. Nous cherchions à réfléchir sur la guerre d'anéantissement de Troie telle qu'elle est racontée de façon stylisée par Homère, et à méditer sur la manière dont les Grecs sont venus à bout de l'élément de la violence, de l'anéantissement, tant en ce qui concerne le monde que le politique. Tout se passe comme si les Grecs avaient séparé le combat – sans lequel ni Achille ni Hector n'auraient jamais pu se manifester et démontrer concrètement qui ils étaient réellement – de la sphère militaire, belliqueuse, qui est le séjour de la violence, pour le transformer en une composante faisant partie intégrante de la *polis* et du politique, en confiant à leurs poètes et à leurs historiens le soin de ce qui devait résulter des guerres qui faisaient rage pour les vainqueurs et les vaincus. Mais il faut remarquer cependant que ce sont leurs œuvres elles-mêmes, et non pas l'activité qui leur avait donné naissance, qui trouvèrent leur place dans la *polis* et le politique – semblables aux statues de Phidias et d'autres artistes dont les œuvres faisaient indissolublement partie de l'existence mondaine tangible du publico-politique – tandis que les artistes eux-mêmes, compte tenu de leur métier, n'étaient pas considérés comme des citoyens libres et de même rang. La figure d'Achille, qui s'efforce constamment de se distinguer, d'être le meilleur de tous et de parvenir à la gloire immortelle, est déterminante pour la formation de la

---

38. *Ibid.*, p. 66.

typologie de l'homme grec dans la *polis*. La présence indispensable des autres en général et de beaucoup d'égaux en particulier, le lieu de rencontre, l'*agora* homérique, qui dans le cas de l'expédition contre Troie n'avait pu se manifester que parce que de nombreux rois, c'est-à-dire de nombreux hommes libres, qui habitaient chacun dans leur foyer, s'étaient rassemblés en vue d'une grande entreprise qui réclamait l'engagement de tous – et si chacun au fond l'avait fait c'était parce qu'il n'était possible d'acquérir la gloire que dans cette communauté, loin de la patrie et de l'étroitesse de la sphère domestique –, cette communauté homérique des héros fut ainsi également dépouillée de son caractère purement provisoire d'aventure. La *polis* est encore complètement liée à l'*agora* homérique, mais ce lieu de rencontre est désormais permanent, il n'est pas le lieu de campement d'une armée qui, une fois sa tâche achevée, lève le camp et doit attendre pendant des siècles pour trouver le poète qui lui accordera ce qu'elle était en droit d'attendre des dieux et des hommes sur la seule base de la grandeur de ses actions et de ses paroles, à savoir la gloire immortelle. Désormais, la *polis* espérait, à l'époque de sa floraison (comme nous l'apprend le discours de Périclès[39]), se charger d'entreprendre le combat sans violence et se porter garante de la gloire, sans l'intermédiaire des poètes et des chanteurs, seule manière pour les mortels d'accéder à l'immortalité.

Les Romains étaient le peuple jumeau des Grecs parce que, en tant que peuple, ils tiraient leur origine du même événement, la guerre de Troie, parce qu'ils ne se considéraient pas comme des descendants « de Romu-

---

39. Transmis par Thucydide, II, 41, *op. cit.*, p. 30.

lus, mais d'Énée [40] », donc comme les descendants des Troyens, tout comme les Grecs se considéraient comme les descendants des Achéens. De cette façon, ils ont donc consciemment attribué leur propre existence politique à une défaite qui avait été suivie d'une nouvelle fondation sur une terre étrangère. Pourtant, il ne s'agissait pas à proprement parler de la fondation de quelque chose de totalement nouveau mais de la fondation renouvelée de quelque chose d'ancien, d'une nouvelle patrie et d'une nouvelle maison pour les pénates, les dieux du foyer royal à Troie, qu'Énée avait sauvés en s'enfuyant par mer vers le Latium avec son père et son fils. Ce dont il s'agissait, comme nous le dit Virgile en élaborant définitivement la stylisation grecque, sicilienne et romaine du cycle des légendes troyennes, c'était d'annuler la défaite d'Hector et la destruction de Troie : « La fille de Cisée n'aura pas été la seule qui, grosse d'une torche, aura dans son lit nuptial accouché d'un incendie. Il en arrivera autant à Vénus : elle aura enfanté un second Pâris, un second flambeau de mort pour Troie renaissante [41]. » C'est la tâche d'Énée, et c'est Hector – qui a fait attendre pendant dix longues années la victoire des Danaés –, et non Achille, qui est considéré comme le véritable héros de la légende. Mais ce n'est pas décisif Ce qui est décisif, c'est que, dans la répétition de la guerre de Troie sur le sol italien, les rapports du poème d'Homère s'inversent. Si Énée est simultanément le descendant de Pâris et d'Hector, il

---

40. St. Weinstock, article « Pénates », in *Paulys Real-Encyclopädie der classischen Altertumswissenschaften*, vol. 19 (1938), p. 417 *sq*, 428.
41. Virgile, *Énéide*, VII, 321 *sq*, Paris, Les Belles Lettres, 1967, trad. A. Bellesort, p. 22.

ranime bien le feu pour une femme, non pour Hélène, une femme adultère, mais pour Lavinia, une épouse, et, semblable à Hector, il affronte la fureur inexorable d'un Achille, c'est-à-dire de Turnus, qui s'identifie expressément à lui : « Tu raconteras à Priam qu'ici tu as trouvé un nouvel Achille [42] » ; cependant, au moment où il s'apprête au duel, Turnus, autrement dit Achille, prend la fuite, et Énée, en l'occurrence Hector, s'élance à sa poursuite. Et de même qu'Hector dans la représentation homérique ne plaçait manifestement pas la gloire au-dessus de tout, mais « tombait en combattant, en protecteur de sa maisonnée », de même ce n'est pas la pensée de la gloire suprême de si hauts faits qui sépare Énée de Didon, dans la mesure où « la gloire ne mérite aucune peine et aucun travail [43] », mais uniquement le souvenir de son fils et de sa descendance, le souci de la continuité de la race et de sa gloire qui constitue pour les Romains la garantie de l'immortalité terrestre.

Cette origine, tout d'abord transmise par la légende puis toujours plus consciente et richement stylisée de l'existence politique romaine à partir de Troie et de la guerre déclenchée en vue de la conquête de la ville, fait partie des événements les plus remarquables et les plus émouvants de l'histoire occidentale. Tout se passe comme si, à la multiplicité des points de vue et à l'impartialité intellectuelle et poétique de l'épopée homérique, venait s'associer une réalité achevée et complète qui réaliserait ce qui ne se serait jamais réalisé dans l'histoire, et qui apparemment ne peut pas se réaliser en elle, à savoir le fait de rendre justice à la cause des

42. *Ibid.*, IX, 742, p. 107.
43. *Ibid.*, IV, p. 108, 232 *sq.*

vaincus non pas dans le jugement de la postérité, qui peut continuer à dire depuis Caton « *victrix causa diis placuit sed victa Catonis* [44] », mais du côté du processus historique lui-même. Il est déjà suffisamment inouï qu'Homère chante la gloire des vaincus et montre donc dans son poème, lui-même laudateur, comment un seul et même événement peut avoir deux aspects et comment le poète, contrairement à la réalité, n'a pas le droit d'abattre et de tuer pour ainsi dire une seconde fois l'autre aspect en célébrant la victoire de l'autre partie. Mais ce qui est beaucoup plus inouï, c'est que la même chose se produisait dans la réalité ; et l'on peut fort bien se rendre compte dans quelle mesure cette auto-interprétation des peuples faisait partie intégrante d'une telle réalité, si l'on songe que les Romains, dans la mesure où ils étaient les descendants des Troyens, dans leur premier contact réel avec les Grecs, se considéraient comme apparentés au peuple de *L'Iliade*. Car tout se passe comme s'il y avait réellement eu au début de l'histoire occidentale une guerre au sens d'Héraclite, c'est-à-dire comme si le combat était « le père de toutes choses » dans la mesure où il contraignait un seul et même phénomène à apparaître sous ses deux aspects originellement distincts. Depuis lors, il n'existe plus rien pour nous, aussi bien dans le monde sensible que dans le monde historico-politique, qui n'ait acquis une pleine réalité de chose ou de phénomène que nous

---

44. Extrait de Lucain, *La Pharsale* (La guerre civile), texte établi et traduit par A. Bourgery, Paris, Les Belles Lettres, 1962, 1, 128. Voir le commentaire de l'utilisation que fait Hannah Arendt de cette situation in *Hannah Arendt-Karl Jaspers, Briefwechsel 1926-1969*, éd. Lotte Köhler et Hans Saner, Munich-Zurich, Piper, 1985, p. 769 *sq.*

n'ayons tout d'abord découvert et examiné sous la pluralité de ses aspects, c'est-à-dire s'il ne s'est pas montré sous tous ses côtés et s'il n'est pas parvenu à la connaissance et à l'articulation à partir de toutes les positions possibles dans le monde de l'homme.

C'est seulement dans cette optique romaine, où le feu est rallumé pour supprimer l'anéantissement, que nous pouvons peut-être comprendre ce qu'il en est véritablement de la guerre d'anéantissement et pourquoi, indépendamment de toute considération morale, elle n'a pas sa place dans la politique. S'il est vrai qu'une chose n'*est* réellement dans le monde historico-politique tout comme dans le monde sensible que lorsqu'elle se montre et est perçue sous tous ses aspects, alors il faut toujours une pluralité d'hommes, ou de peuples ou de positions, pour que la réalité soit possible et pour lui garantir la continuité. En d'autres termes, le monde ne surgit que parce qu'il y a des perspectives, et il existe uniquement en fonction de telle ou telle perception de l'agencement des choses du monde. Lorsqu'un peuple – qui occupait une position telle dans le monde que personne ne peut immédiatement la reproduire, dans la mesure où ce peuple présente toujours une vision du monde que lui seul peut incarner –, une ville ou même seulement un groupe de personnes est détruit, ce n'est pas seulement un peuple, une ville ni même un certain nombre d'hommes qui est détruit, mais une partie du monde commun qui se trouve anéantie : un aspect sous lequel le monde se montrait et qui ne pourra plus jamais se montrer. L'anéantissement ici n'équivaut donc pas simplement à une forme de disparition du monde, mais concerne également celui qui a perpétré cet anéantissement. La politique au sens strict du terme n'a pas tant affaire aux hommes qu'au monde qui est entre eux et qui leur survivra ; dans la mesure où elle est devenue destructrice, et où elle provoque la ruine du monde, elle se détruit et s'anéantit elle-même. Autrement dit : plus il y a de peuples dans le monde qui entretiennent les uns avec les autres telle ou telle relation, plus il se créera de monde entre eux et plus ce monde sera grand et riche. Plus il y a de points de vue dans un peuple, à partir desquels il est possible de considérer le même monde que tous habitent également, plus la nation sera grande et ouverte. S'il devait inversement se produire que, suite à une énorme catastrophe, un seul peuple survive dans le monde, et s'il devait arriver que tous ses membres perçoivent et comprennent le monde à partir d'une seule perspective, vivant en plein consensus, le monde au sens historico-politique irait à sa perte, et ces hommes privés de monde qui subsisteraient sur la terre n'auraient guère plus d'affinité avec nous que ces tribus privées de monde et de relations que l'humanité européenne a trouvées lorsqu'elle a découvert de nouveaux continents et qui ont été reconquises par le monde des hommes ou exterminées sans que l'on se rende compte qu'elles appartenaient également à l'humanité. En d'autres termes, il ne peut y avoir d'hommes au sens propre que là où il y a un monde, et il ne peut y avoir de monde au sens propre que là où la pluralité du genre humain ne se réduit pas à la simple multiplication des exemplaires d'une espèce.

C'est pourquoi il est hautement significatif que la guerre de Troie qui s'est répétée sur le sol italien, et à laquelle le peuple romain attribuait son existence politique et historique, ne se soit pas à son tour terminée par l'anéantissement des vaincus mais par une alliance et un pacte. Il s'agissait en fait non seulement de rallumer le feu afin d'inverser simplement l'issue, mais d'imaginer une nouvelle issue à un incendie d'une telle importance. Le pacte et l'alliance, en fonction de leur origine et de leur conception si fortement caractérisées chez les Romains, sont étroitement liés à la guerre entre les peuples et représentent, d'après les Romains, le prolongement pour ainsi dire naturel de toute guerre. On retrouve ici également un élément homérique ou peut-être quelque chose qu'Homère lui-même a rencontré lorsqu'il s'est efforcé de donner sa forme poétique définitive au cycle des légendes troyennes. On y trouve la conscience que même la rencontre la plus inamicale entre les hommes laisse subsister quelque chose qui leur est désormais commun, car, comme l'a dit un jour Platon, « l'action de l'agent qui agit et l'effet produit sur le patient qui subit portent les mêmes caractères » (*Gorgias*, 476[45]), en sorte que, lorsque l'agir et le pâtir sont terminés, ils peuvent devenir après coup les deux aspects d'un même événement. Ainsi l'événement lui-même n'est-il plus un combat mais il se transforme en autre chose qui le rend accessible au regard commémoratif et élogieux du poète ou à celui tourné vers le passé de l'historien. Toutefois, sur le plan politique, la rencontre qui survient dans le combat ne peut demeurer une rencontre que si le combat s'interrompt avant la destruction du vaincu et si une nouvelle forme d'accord en surgit. Chaque traité de paix, même s'il ne s'agit pas véritablement d'un traité mais d'un diktat, a précisé-

---

45. Platon, *Gorgias*, 476 c-e, Paris, Flammarion, 1987, trad. M. Canto, p. 194.

ment en vue une nouvelle réglementation non seulement par rapport à celle qui existait avant le déclenchement des hostilités, mais également par rapport à celle qui s'est à nouveau manifestée au cours des hostilités comme l'élément commun à celui qui agissait et à celui qui pâtissait. Une telle transformation [du simple anéantissement en quelque chose d'autre qui subsiste] est déjà implicite dans l'impartialité homérique qui ne laisse pas le moins du monde échapper la gloire et l'honneur des vaincus, et grâce à laquelle le nom d'Achille est lié pour toujours à celui d'Hector. Mais, chez les Grecs, une telle transformation des relations d'inimitié se limitait exclusivement à la sphère de la poésie et de la commémoration et ne pouvait pas avoir d'influence politique directe.

En effet, le pacte et l'alliance en tant que conceptions centrales du politique ont non seulement une origine historique romaine, mais tous deux sont également profondément étrangers à l'essence grecque et à sa conception du domaine politique, c'est-à-dire de la *polis*. Ce qui s'est produit lorsque les descendants de Troie sont arrivés sur le sol italien, ce fut ni plus ni moins que la création de la politique là où précisément pour les Grecs elle touchait à ses limites et prenait fin : à savoir dans les relations non pas entre les citoyens égaux d'une même ville, mais entre des peuples étrangers et dissemblables que seul le combat avait réunis. Certes, chez les Grecs également, comme nous l'avons vu, le combat, et par conséquent la guerre, était aussi le commencement de leur existence politique, mais uniquement dans la mesure où ils acquéraient leur propre identité dans ce combat et où ils s'unissaient pour confirmer de façon définitive et permanente leur propre nature. Chez les Romains, le même combat devint l'élément leur permettant ainsi qu'à leurs partenaires de se reconnaître ; lorsque le combat était terminé, ils ne se repliaient pas sur eux-mêmes et sur leur gloire, entre les murs de leur ville, mais ils avaient conquis quelque chose de nouveau, un nouveau domaine politique, qui était garanti par le pacte et grâce auquel les ennemis d'hier devenaient les alliés de demain. Politiquement parlant, le pacte qui lie deux peuples crée un nouveau monde entre eux ou, plus précisément, garantit la continuité d'un nouveau monde qui leur est désormais commun et qui a pris naissance lorsqu'ils se sont rencontrés au combat et qu'ils ont produit quelque chose d'égal par leur agir et leur pâtir.

Cette manière de résoudre la question de la guerre – qu'elle soit propre aux Romains depuis les origines, ou qu'elle soit apparue seulement par la suite, dans la réflexion et la stylisation de la guerre d'anéantissement de Troie – est à l'origine du concept de loi et de l'importance exceptionnelle que la loi et la formulation des lois ont prise dans la pensée politique romaine. Car la *lex* romaine, à la différence et même au contraire de ce que les Grecs entendaient par *nomos*, signifie proprement « un lien durable » et tout de suite après le pacte, aussi bien dans le droit public que dans le droit privé. Une loi est donc quelque chose qui unit les hommes, et elle s'applique non par une action violente ou un diktat mais grâce à un accord et une convention. L'établissement de la loi, ce lien durable qui succède à la violence de la guerre, est donc lui-même lié à la parole et à la réplique, et par conséquent à quelque chose qui, d'après la conception grecque et la conception romaine, se trouvait au centre de toute dimension politique.

Mais ce qui est décisif, c'est que l'activité législatrice et par conséquent les lois elles-mêmes ne relevaient de la sphère propre au politique que pour les Romains ; tandis que, d'après la conception grecque, l'activité législatrice était si séparée des activités proprement politiques et des occupations des citoyens à l'intérieur de la *polis* que le législateur n'avait nullement besoin d'être citoyen de la ville et que, venu du dehors, il pouvait se voir confier sa tâche tout comme on pouvait commander ce dont on avait besoin pour la ville à un sculpteur ou à un architecte. A Rome au contraire, la loi des douze tables, tout en étant influencée sur certains points par les modèles grecs, n'est pas l'œuvre d'un seul homme, mais un contrat entre deux factions ennemies, les patriciens et les plébéiens, qui réclamait l'accord du peuple tout entier, ce *consensus omnium* auquel l'historiographie romaine a toujours attribué « un rôle extraordinaire » dans la formulation des lois (Altheim)[46]. En ce qui concerne ce caractère contractuel de la loi, il est significatif qu'une telle loi fondamentale, à laquelle remonte effectivement la fondation du peuple romain, du *populus romanus*, n'ait pas eu pour objectif l'union des deux factions ennemies en supprimant simplement la différence entre patriciens et plébéiens. Bien au contraire : une interdiction explicite de contracter mariage entre patriciens et plébéiens, qui fut supprimée par la suite, accentuait la séparation encore plus fortement qu'auparavant. On avait simplement mis fin au comportement d'hostilité, mais l'aspect spécifiquement légal de la réglementation au sens

---

46. Franz Altheim, *Römische Geschichte*, II, 4, édition augmentée et complétée, Francfort-sur-le-Main, Klostermann, 1953, p. 232.

romain consistait en ce que désormais un contrat, un lien permanent, unissait les patriciens et les plébéiens. La *res publica*, la chose publique qui prit naissance à partir de ce contrat, et qui devint la république romaine, était localisée dans l'espace intermédiaire entre les deux factions autrefois ennemies. La loi est donc ici quelque chose qui crée de nouvelles relations entre les hommes et qui les relie non pas au sens d'un droit naturel, où tous les hommes reconnaissent naturellement le bien et le mal par la voix de la conscience de la nature, ni au sens de commandements imposés de l'extérieur à tous les hommes de manière égale, mais au sens d'un accord entre les contractants. Et étant donné qu'un tel accord ne peut se produire que si l'intérêt des deux parties est garanti, de même s'agissait-il dans cette première loi romaine d'« établir une loi commune qui tienne compte des deux parties » (Altheim [47]).

Pour estimer à sa juste valeur la fécondité politique extraordinaire du concept romain de loi, par-delà toute considération morale, laquelle doit rester pour nous secondaire, il nous faut rapidement rappeler la conception grecque très différente de la nature de la loi. La loi, au sens grec, n'est ni une convention ni un contrat, elle ne naît ni des discussions ni des actions opposées des hommes, et elle n'est donc pas quelque chose qui relève de la sphère politique, mais elle est essentiellement conçue par un législateur et doit exister avant de pouvoir recevoir une dimension proprement politique En tant que telle, elle est prépolitique, mais au sens où elle est constitutive de toute action politique ultérieure et de toute relation politique. Tout comme il faut

---

47. *Ibid.*, p. 214.

d'abord construire les murs de la ville, auxquels Héraclite a un jour comparé la loi, avant qu'il puisse y avoir une ville identifiable dans leur enceinte et entre leurs limites, de même la loi détermine-t-elle la physionomie particulière de ses habitants qui les distingue de toutes les autres villes et de leurs habitants. La loi est le rempart érigé et fabriqué par un seul homme à l'intérieur duquel est créé l'espace proprement politique où se meut librement la pluralité. C'est pourquoi Platon invoque également Zeus, le protecteur des frontières et des bornes, avant de se mettre à décréter ses lois en vue de la fondation d'une nouvelle ville. Il s'agit essentiellement de délimiter des frontières et non pas d'un lien ou d'une union. La loi est pour ainsi dire ce à partir de quoi une *polis* a commencé sa vie ultérieure : elle ne peut la supprimer sans renoncer à sa propre identité, et l'enfreindre équivaut à outrepasser la limite assignée à l'existence et donc à l'*hybris*. La loi ne vaut pas à l'extérieur de la *polis*, la force de son lien ne s'étend qu'à l'espace qu'elle contient et délimite. Enfreindre la loi et sortir des limites de la *polis* sont encore pour Socrate, au sens littéral du terme, une seule et même chose.

Ce qui est décisif, c'est que la loi, bien qu'elle délimite un espace où les hommes ont renoncé à la violence entre eux, recèle en elle, du fait de sa formation comme par sa nature même, quelque chose de violent. Elle résulte de la fabrication et non de l'action ; le législateur ressemble à l'urbaniste et à l'architecte, et non à l'homme d'État ou au citoyen. La loi, en produisant l'espace du politique, contient cet élément de violation et de violence caractéristique de toute production.

En tant qu'artifice, elle s'oppose à ce qui s'est déve

loppé naturellement et qui pour être n'a nécessité aucune assistance, ni divine ni humaine. A tout ce qui n'est pas naturel et qui n'a pas surgi par soi-même appartient en propre une loi en vertu de laquelle cette chose est produite, chaque chose en vertu d'une loi différente, et il n'y a pas plus de rapport entre ces lois qu'il n'y en a entre ce qui a été posé par elles. « La loi », remarque Pindare dans un célèbre fragment (n° 48, éd. Boeckh), que Platon cite également, « est la reine de tous, mortels et immortels, et en même temps qu'elle rend la justice, elle guide d'une main souveraine la violence extrême [48] ». Face à l'homme qui lui est soumis, une telle violence s'exprime dans le fait que les lois commandent, qu'elles règnent en maîtresses absolues dans la *polis* où aucun homme n'a le droit de commander ses égaux. Les lois sont ainsi le père et le despote tout à la fois, comme Socrate l'explique à son ami dans le *Criton* (50-51 [49]), et ce non seulement parce que dans le foyer domestique antique l'élément despotique prédominait, et qu'il déterminait également le comportement du père vis-à-vis du fils, en sorte que dire « père et despote » c'était tout un, mais également parce que la loi a engendré le citoyen tout comme le père a engendré le fils (et qu'elle est donc le présupposé de cette existence politique tout comme le père est la condition de l'existence physique du fils) et que donc, d'après l'opinion de la *polis* – même si ce n'est plus l'opinion

---

48. Pindare (édition Tusculum), fragment n° 143. « La loi/ de tous la reine du monde/ Mortels et Immortels/ Mène le plus violent de la justice/ De la plus haute main. » Cf. Platon, *Gorgias*, 484, *op. cit.*, p. 213.
49. Platon, *Criton*, 50-51, Paris, Les Belles Lettres, 1963, trad. M. Croiset, p. 226-229.

de Socrate ni de Platon –, l'éducation du citoyen lui revenait. Mais étant donné que cette obéissance à la loi n'a pas de terme naturel comme c'est le cas vis-à-vis du père, elle peut être également comparée au comportement du maître et de l'esclave : le citoyen libre de la *polis* était face à la loi, c'est-à-dire dans les limites entre lesquelles il était libre et où un espace de liberté existait, toute sa vie durant un « fils et un esclave ». Ainsi les Grecs, qui n'étaient soumis à l'intérieur de la *polis* à l'autorité d'aucun homme, purent-ils lancer aux Perses l'avertissement de ne pas sous-estimer leur puissance guerrière, car eux tous redoutaient la loi de leur *polis* non moins que les Perses craignaient leur grand roi. Quelle que soit la façon dont on interprète ce concept grec de loi, la loi ne pouvait en aucune façon constituer un pont d'un peuple à un autre, ni, à l'intérieur d'un même peuple, d'une communauté politique à une autre. Même dans le cas de la fondation d'une nouvelle colonie, la loi de la cité mère ne suffisait pas, et ceux qui partaient fonder une autre *polis* avaient à nouveau besoin d'un législateur, d'un *nomothet*, de quelqu'un qui établisse les lois pour que l'on puisse considérer comme garantie la nouvelle sphère politique. Il est évident que, dans de telles conditions, la formation d'un empire était tout simplement exclue, même si, à l'occasion de la guerre avec les Perses, une sorte de conscience nationale hellène s'était éveillée, la conscience de posséder une langue commune et une constitution politique commune à toute la Grèce. L'union de toute la Grèce aurait pu préserver le peuple grec de la ruine, mais l'essence grecque aurait en ce cas disparu.

On peut facilement mesurer la distance qui sépare

cette représentation de la loi comme le chef unique et absolu de la *polis* de la conception romaine, si l'on se souvient que Virgile décrit les Latins auprès desquels arrive Énée comme un peuple vivant « non par obligation ou par obéissance aux lois, mais d'eux-mêmes et pour suivre l'exemple du dieu des vieux âges[50] » (VII, 203-204). La loi apparaît parce qu'il s'agit désormais de conclure un traité entre les autochtones et les nouveaux arrivants. C'est ce pacte qui est à la base de la fondation de Rome ; et si la mission de Rome consiste à « mettre sous ses lois l'univers tout entier[51] » (IV, 231), cela signifie que la terre tout entière est enserrée dans un système contractuel dont seul ce peuple était capable parce qu'il tirait précisément sa propre existence historique d'un pacte.

Pour exprimer cela à l'aide de catégories modernes, on doit dire que chez les Romains la politique a commencé sous la forme de la politique étrangère, c'est-à-dire précisément par ce qui dans la pensée grecque était extérieur à toute politique. Pour les Romains également, la sphère politique ne pouvait apparaître et subsister qu'à l'intérieur des lois ; mais cette sphère ne se constituait et ne s'accroissait que lorsque des peuples différents se rencontraient. Cette rencontre est elle-même belliqueuse, et le mot latin *populus* signifie à l'origine « lever une armée[52] » (Altheim) ; toutefois cette guerre n'est pas la fin mais le commencement de la politique, c'est-à-dire d'un nouvel espace politique issu d'un traité de paix et d'une alliance. Tel est égale-

---

50. Virgile, *Énéide*, *op. cit.*, VII, 203 *sq.*, p. 53 *sq.*
51. *Ibid.*, IV, 231, p. 104 *sq.*
52. Altheim, *Römische Geschichte*, II, *op. cit.*, p. 71.

ment le sens de la « clémence » romaine si célèbre dans l'Antiquité, du *parcere subiectis*, de l'action de ménager les vaincus, qui a conduit Rome à organiser tout d'abord les régions et les peuples d'Italie, puis les territoires hors de l'Italie. La destruction de Carthage ne constitue pas non plus une objection à ce principe, également appliqué dans la politique réelle, qui exclut l'anéantissement au profit de l'expansion et de la ratification de nouveaux traités. Ce qui a été anéanti à Carthage, ce n'est pas la puissance militaire – à laquelle Scipion a proposé des conditions si favorables et si uniques après la victoire romaine que l'historien moderne se demande s'il n'a pas davantage agi dans son intérêt propre que dans celui de Rome (Mommsen[53]) –, ce n'est pas non plus la puissance mercantile concurrente en Méditerranée, mais surtout « un gouvernement qui ne tient jamais parole et qui ne pardonne jamais », qui incarnait ainsi effectivement le principe politique proprement antiromain contre lequel la diplomatie romaine était impuissante, et qui aurait pu détruire Rome si Rome ne l'avait pas détruit. C'est ainsi en tout cas que Caton a dû penser et les historiens modernes à sa suite, qui ont justifié la destruction de la ville, l'unique rivale de Rome subsistant encore compte tenu de ce qu'était le monde à cette époque.

Quelle que soit la valeur de cette justification, ce qui est déterminant dans notre contexte, c'est précisément qu'elle ne correspondait pas à la pensée romaine et qu'elle n'a pas pu s'affirmer au travers des historiens romains. Ce qui aurait été romain, c'eût été de laisser subsister comme rivale la ville ennemie comme s'y était

---

53. Mommsen, *Histoire romaine*, *op. cit.*

efforcé Scipion l'Ancien, le vainqueur d'Hannibal. Il était romain de rappeler le destin des aïeux ; à l'instar du destructeur de la ville, Scipion Émilien, de fondre en larmes sur les ruines de la ville ; et, au pressentiment de son propre malheur, de citer Homère : « Un jour viendra où elle périra la sainte Ilion, et Priam, et le peuple de Priam à la bonne pique [54] » ; enfin il était romain d'assigner à la victoire qui s'était conclue par une destruction le commencement du déclin, comme l'ont fait jusqu'à Tacite presque tous les historiens romains. En d'autres termes, il était romain de savoir que l'autre face de sa propre existence, précisément parce qu'elle s'était révélée en tant que telle dans la guerre, devait être préservée et maintenue en vie – non par miséricorde envers autrui, mais dans l'espoir d'agrandir la ville qui, à partir de ce moment-là, aurait également pu inclure au sein d'une nouvelle alliance cet élément complètement étranger. Cette conscience a ensuite induit les Romains à s'engager si décidément et par défi en faveur de la liberté et de l'indépendance des Grecs, même quand une telle attitude, compte tenu des conditions existant effectivement dans les *poleis* grecques, paraissait une folie et une absurdité. Non que l'on voulût ainsi réparer en Grèce ce dont on s'était rendu coupable à Carthage, mais précisément parce que l'on considérait la grécité comme l'envers de la romanité. Pour les Romains, tout se passait comme si Hector rencontrait Achille encore une fois et lui proposait une alliance, une fois la guerre achevée. Mais, entre-temps, Achille était malheureusement devenu vieux et hargneux.

54. Homère, *Iliade*, IV, 164 *sq.* et VI, 448 *sq.*, Paris, Les Belles Lettres, 1961, p. 97 et 169.

Dans ce cas également, il serait erroné d'appliquer des critères moraux et d'imaginer un sentiment éthique susceptible d'envahir le politique. Carthage fut la première d'entre les villes avec lesquelles Rome eut affaire qui l'égalât en puissance, tout en incarnant en même temps un principe opposé à la romanité. Et cette ville démontra pour la première fois que le principe politique du contrat et de l'alliance ne pouvait pas s'appliquer partout, qu'il avait ses limites. Pour comprendre cela, nous devons avoir présent à l'esprit que les lois, à l'aide desquelles Rome a tout d'abord organisé les provinces italiennes, puis les pays du monde, n'étaient pas seulement des traités au sens actuel du terme, mais visaient à instaurer un lien durable, et qu'elles tendaient par conséquent essentiellement à une alliance. C'est avec ces alliés de Rome, les *socii*, qui étaient presque tous d'anciens ennemis vaincus, que prit naissance la *societas* romaine, laquelle n'avait rien à voir avec ce que nous appelons en allemand la *Gesellschaft*, mais bien plutôt avec la « société » au sens d'une association, et avec la relation qu'elle impliquait entre partenaires. Ce à quoi les Romains eux-mêmes aspiraient, ce n'était pas tant à cet *imperium romanum*, à cette domination romaine sur les peuples et sur les pays – qui, comme nous le savons depuis Mommsen, s'est constituée plutôt contre leur volonté et s'est imposée à eux –, qu'à une *societas romana*, à un système d'alliance établi par Rome et extensible à l'infini, dans lequel les peuples et les pays auraient été liés à Rome non seulement par des traités provisoires et renouvelables, mais deviendraient d'éternels alliés. Ce qui entraîna l'échec des Romains dans le cas de Carthage, ce fut qu'ici précisément il aurait tout au plus été possible d'aboutir à un traité entre égaux, une sorte de coexistence pour parler en termes modernes, et qu'un tel traité au sens moderne était en dehors des possibilités de la pensée romaine.

Il ne s'agit pas là d'un hasard imputable à une quel conque étroitesse d'esprit. Ce que les Romains ignoraient et qu'ils ne pouvaient pas connaître dans le cadre de l'expérience fondamentale qui détermina dès le départ leur existence politique, c'étaient précisément les caractéristiques inhérentes à l'action qui avaient conduit les Grecs à la circonscrire dans les limites du *nomos*, et de manière générale à comprendre sous le concept de loi non pas une liaison et une relation, mais une limite et une instance d'inclusion qui ne devaient pas être transgressées. C'est précisément parce que, conformément à son essence, l'agir produit toujours – si loin qu'il s'étende – des relations et des liens que la démesure lui est inhérente, et, comme le dit Eschyle, une « insatiabilité », qui ne peut recevoir de limites qu'extrinsèques grâce à une loi au sens grec, grâce à un *nomos*. La démesure, telle que les Grecs l'entendaient, ne réside pas dans la démesure de l'homme qui agit et dans son *hybris* mais dans le fait que les relations qui résultent de l'agir sont et doivent être nécessairement de telle nature qu'elles se prolongent à l'infini. Chaque relation instituée par l'action, dans la mesure où elle lie des hommes agissants, s'inscrit dans un réseau de liens et de relations où elle libère de nouvelles relations ; ainsi, elle modifie de façon décisive la constellation des rapports déjà existants et elle s'étend toujours plus loin en mettant davantage de choses en connexion et en mouvement que n'aurait jamais pu le prévoir celui qui agit. A cette tendance à l'illimité s'oppose le *nomos* grec qui confine l'action accomplie à ce qui se produit entre les hommes à l'intérieur d'une *polis* et qui réfère à la *polis* ce qui existe au-delà d'elle et avec quoi elle doit nécessairement entrer en liaison au cours de ses actions. C'est seulement de cette façon que, d'après la pensée grecque, l'agir devient essentiellement politique, c'est-à-dire lié à la *polis* et par conséquent à la plus haute forme de la communauté humaine. A partir du *nomos* qui la limite et l'empêche de se dissiper dans un système de relations sans cesse croissant et qu'on ne peut embrasser du regard, l'action accomplie conserve une forme durable qui la transforme en acte dont la grandeur, c'est-à-dire la supériorité, peut être conservée et garantie par la mémoire. De cette façon, le *nomos* s'oppose au caractère éphémère – auquel les Grecs de l'âge tragique ont été si sensibles – caractéristique de toute chose mortelle, à l'évanescence de la parole prononcée comme à celle de l'action accomplie. Cette faculté de leur *nomos* à produire des configurations a valu aux Grecs d'être incapables de former un empire, et il ne fait aucun doute que l'Hellade tout entière a finalement péri à cause du *nomos* des *poleis*, des cités-États, qui pouvaient se multiplier par la colonisation mais qui n'ont jamais pu s'unir ni être unifiées par un lien durable. Mais on pourrait tout aussi bien dire que les Romains furent victimes de leur loi, de leur *lex*. Certes, elle leur a permis d'établir un lien et une alliance durables partout où ils sont allés, cependant elle était en elle-même illimitée, leur imposant contre leur propre volonté, et même en l'absence de toute volonté de puissance ou de toute soif de domination, la souveraineté sur le globe terrestre, laquelle, une fois obtenue, ne pouvait plus que s'effondrer. On peut également considérer comme une conséquence naturelle de ce phénomène qu'avec la chute de Rome c'est le centre d'un monde qui disparut à tout jamais et peut-être même la possibilité spécifiquement romaine de rassembler le monde entier autour d'un centre, tandis qu'aujourd'hui encore, lorsque nous pensons à la fin d'Athènes, nous pouvons faire l'hypothèse que ce n'est nullement le centre du monde qui a disparu à tout jamais, mais plutôt une possibilité suprême pour l'homme et pour le monde.

Cette capacité inouïe à conclure des alliances et des liens durables sans cesse élargis ne valut pas seulement aux Romains une expansion de l'empire, s'étendant finalement à l'infini, qui entraîna la perte de la ville et de l'Italie qu'elle dominait : elle leur coûta la conséquence politiquement moins catastrophique, mais spirituellement non moins décisive, de la perte de l'impartialité gréco-homérique, le sens de la grandeur et de la supériorité sous toutes leurs formes et partout où elles se trouvaient, ainsi que la volonté de les immortaliser en en faisant l'éloge. L'historiographie et la poésie des Romains sont exclusivement romaines, tandis que la poésie et l'historiographie grecques n'ont jamais été grecques, pas même à l'époque de la décadence. Ici il s'agit toujours exclusivement d'enregistrer l'histoire de la ville et de tout ce qui la concerne de près, donc essentiellement son accroissement et son expansion depuis sa fondation, *ab urbe condita*, ou, comme le dit Virgile, de raconter ce qui a conduit à la fondation de la ville, les actions et les voyages d'Énée, *dum conderet urbem*, en attendant qu'il eût fondé sa ville [55]. On pour-

---

55. Virgile, *Énéide, op. cit.*, I, 5, p. 5. Pour le concept romain de fondation chez Hannah Arendt et pour l'importance de Virgile pour

rait dire, en un certain sens, que les Grecs qui anéantissaient leurs ennemis étaient, au plan de l'historiographie, plus équitables et qu'ils nous ont transmis sensiblement plus sur ces ennemis que les Romains qui en faisaient leurs alliés. Mais ce jugement est lui aussi erroné si on l'entend d'un point de vue moral. Car précisément la dimension morale de la défaite a été parfaitement comprise par les vainqueurs romains : ils se demandaient à eux-mêmes par la bouche des ennemis vaincus s'ils n'étaient pas « des conquérants du monde pratiquant la rapine, et dont l'instinct de destruction ne trouverait plus aucune terre », si leur désir de créer partout des relations et d'apporter aux autres la liaison éternelle de la loi ne pourrait pas aussi signifier qu'ils étaient « le seul de tous les peuples qui désirât avec une passion égale le plein comme le vide », de telle sorte que, et en tout cas du point de vue des vaincus, il pourrait sembler que ce qu'ils nommaient « domination » ne signifiait rien d'autre que vol, massacre et rapine, et de telle sorte que la *pax romana* quant à elle, la célèbre paix romaine, n'était que le nom du désert qu'ils laissaient derrière eux (Tacite, *Agricola*, 30 [56]). Mais si impressionnantes que puissent être de telles réflexions si on les confronte à l'historiographie moderne patriotique et

---

sa thèse de la natalité, cf Hannah Arendt, *Essai sur la Révolution*, trad M. Chrestien, Paris, Gallimard, 1967, p. 303 *sq*. Cf. également ‹ L'abîme de la liberté et le *novus ordo saeclorum* », *La Vie de l'esprit*, II, *op. cit.*, p. 244.

56. Dans le chapitre 30 de sa *Vie d'Agricola* (texte établi et trad. par E. de Saint-Denis, Paris, Les Belles Lettres, 1967, p. 23-24), dont la partie centrale raconte la campagne militaire d'Agricola en Angleterre, Tacite rapporte le discours d'un commandant ennemi avant la bataille au mont Graupius (84 après J.-C.) auquel Hannah Arendt fait référence.

nationaliste, cet autre aspect qu'elles révèlent n'est que le revers universellement humain de toute victoire : le côté des vaincus en tant que vaincus. L'idée qu'il puisse y avoir quelque chose de radicalement autre, et pourtant semblable à la grandeur de Rome et par conséquent également digne du souvenir de l'histoire, cette idée avec laquelle Hérodote introduit son récit des guerres persiques, était tout à fait étrangère aux Romains.

Il est indubitable – quoi qu'on pense de la limite atteinte par Rome dans cette affaire – que le concept de *politique* étrangère, et donc l'idée d'un ordre politique extérieur aux limites du corps propre d'un peuple ou d'une cité, est d'origine exclusivement romaine. Cette politisation romaine de l'espace entre les peuples est au commencement du monde occidental ; bien plus, c'est elle qui a créé pour la première fois le monde occidental en tant que monde en général. Il y a eu beaucoup de civilisations extraordinairement grandes et riches jusqu'aux Romains, mais ce qui existait entre elles n'était pas un monde, seulement un désert à travers lequel, dans le meilleur des cas, des liens s'établissaient, comme des fils ténus, comme des sentiers dans un paysage inhabité, et qui, dans le pire des cas, dégénérait en guerres d'anéantissement ruinant le monde existant. Nous sommes tellement habitués à interpréter la loi et le droit au sens des dix commandements, en tant que commandements et interdits dont la signification exclusive consiste dans un devoir d'obéissance, que nous avons laissé tomber dans l'oubli le caractère originellement spatial de la loi. Chaque loi crée tout d'abord un espace où elle est valable, et cet espace est le monde dans lequel nous pouvons nous mouvoir en toute liberté. Ce qui est à l'extérieur de cet espace est privé de loi et, à strictement parler, dépourvu de monde : au sens de la communauté de vie humaine, c'est un désert. Il est dans la nature des menaces de la politique intérieure et étrangère, auxquelles nous sommes confrontés depuis l'arrivée des régimes totalitaires, de faire disparaître l'élément spécifiquement politique de la politique intérieure comme de la politique étrangère. Si les guerres devaient redevenir des guerres d'anéantissement, l'élément constitutif de la politique étrangère depuis les Romains disparaîtrait, et les relations entre les peuples retomberaient dans cet espace privé de loi et de politique qui détruit le monde et qui engendre le désert. En effet, ce qui est détruit dans une guerre d'anéantissement c'est beaucoup plus que le monde de l'ennemi vaincu : c'est avant tout l'espace intermédiaire entre les adversaires et entre les peuples dont la totalité constitue le monde sur la terre. Et pour cet espace intermédiaire qui doit sa naissance non pas à la production mais à l'action des hommes, ce que nous disions au début, à savoir que ce qui est détruit par la main de l'homme peut à nouveau être reconstruit par la main de l'homme, ne vaut plus. Le monde des relations qui naît de l'action, de l'activité proprement politique des hommes, est certes beaucoup plus difficile à détruire que le monde produit des choses, où le fabricant et le créateur demeurent seuls maîtres. Mais ce monde de relations vient-il à être ravagé alors, aux lois de l'action politique dont les processus sont effectivement difficiles à annuler à l'intérieur du politique, se substitue la loi du désert ; or, puisqu'il s'agit d'un désert entre les hommes, il déchaîne des processus dévastateurs qui portent en eux la même démesure que celle qui est inhérente à l'action libre de l'homme quand elle est créatrice de relations. L'histoire nous a fait connaître de tels processus dévastateurs et il n'existe pas un seul exemple où ils aient pu être apaisés avant qu'ils n'aient conduit à sa perte un monde tout entier dans toute la richesse de ses relations.

Fragment 3d

Introduction : Le sens de la politique

§ 1. La politique a-t-elle finalement encore un sens ?

Quiconque commence aujourd'hui à réfléchir sur la politique est inéluctablement confronté à cette question. L'époque de guerres et de révolutions que Lénine a prédites à ce siècle, et dans laquelle nous vivons effectivement, a transformé de façon démesurée et inconnue jusqu'à présent les événements qui se déroulent en politique en un facteur élémentaire du destin personnel de tous les hommes sur terre. Mais partout où ce destin a eu des répercussions et où les hommes se sont trouvés pris dans le tourbillon des événements, il s'est révélé un désastre. Or il n'existe aucune consolation à ce désastre que la politique a entraîné pour les hommes, pas plus d'ailleurs que pour le désastre encore plus grand dont elle menace l'humanité tout entière. Car il est apparu que les guerres en notre siècle ne sont pas des « orages d'acier[57] » qui purifient le ciel politique,

---

57. Référence au livre *Orages d'acier*, paru en 1920 (Paris, Christian Bourgois, trad. H. Plard, 1995), dans lequel Ernst Jünger raconte ses expériences de guerre sur le front occidental (de 1915 à 1918) dans le style du « réalisme héroïque » qui l'a rendu célèbre.

et qu'elles ne sont pas non plus la « poursuite de la politique à l'aide d'autres moyens [58] », mais qu'elles sont des catastrophes monstrueuses capables de transformer le monde en désert et la terre en une matière inanimée. Quant aux révolutions, à supposer qu'on les considère sérieusement avec Marx comme les « locomotives de l'histoire [59] », elles ont démontré on ne peut plus clairement qu'un tel trait de l'histoire se hâte manifestement vers l'abîme, et que les révolutions – loin de pouvoir maîtriser le contenu du désastre – ne font qu'accélérer de façon effrayante le rythme de son développement.

Ce sont les guerres et les révolutions, et non le fonctionnement des gouvernements parlementaires et des appareils de parti démocratiques, qui constituent les expériences politiques fondamentales de notre siècle. Passer à côté équivaut à n'avoir pas vécu dans ce monde qui est pourtant le nôtre. Comparés à cela, comparés aux ruptures très réelles que les guerres et les révolutions ont produites dans notre monde, et dont nous continuons à constater quotidiennement les effets, ceux qui – tant bien que mal – expédient les affaires courantes du gouvernement et mettent de l'ordre dans les affaires humaines entre les catastrophes nous apparaissent semblables à des cavaliers sur le lac de Constance.

---

58. Carl von Clausewitz, *De la guerre* (1832-1834), Paris, Éd. de Minuit, 1955, trad. D. Naville, p. 67 : « Nous voyons donc que la guerre n'est pas seulement un acte politique, mais un véritable instrument politique, une poursuite des relations politiques, une réalisation de celles-ci par d'autres moyens. »

59. Karl Marx, *La Lutte des classes en France. 1848-1850*, présent. de R. Huard, trad. revue de G. Cornillet, Paris, Messidor-Éd. Sociales, 1984, p. 181.

Et l'on pourrait même en venir à penser que seuls ceux qui, pour des raisons quelconques, ne sont pas particulièrement versés dans les expériences politiques fondamentales de l'époque sont encore capables de prendre un risque dont ils ignorent tout, semblables au cavalier qui ignore tout du lac sous ses pieds [60].

Les guerres et les révolutions ont en commun d'être placées sous le signe de la violence. Si les expériences fondamentales de notre époque sont des expériences de guerres et de révolutions, cela signifie que nous nous mouvons essentiellement dans le champ de la violence et que nous sommes enclins, sur la base de nos expériences, à identifier l'action politique à l'action violente. Cette identification peut être fatale car, à partir de là, dans les circonstances actuelles, il ne peut résulter rien d'autre si ce n'est que l'action politique est désormais dépourvue de sens; mais, compte tenu du rôle incroyable qui incombe effectivement à la violence dans l'histoire de tous les peuples de l'humanité, cette identification n'est que trop compréhensible. Tout se passe comme si, dans notre horizon d'expériences, on se contentait seulement de dresser le bilan de toutes les expériences que les hommes ont faites du politique.

L'action violente, entre autres caractéristiques remarquables, recourt à des moyens matériels et interpose

---

60. Référence à une légende populaire. Elle raconte l'histoire d'un cavalier qui ne remarque pas qu'il est en train de chevaucher sur un lac gelé et couvert de neige. Lorsque, arrivé sur l'autre rive, il l'apprend et prend conscience du danger encouru, il tombe mort par terre (cf. la ballade *Der Reiter und der Bodensee* de Gustave Schwab in *Gedichte*, édition revue et corrigée avec une introduction biographique de Gotthold Klee, Bertelsmann, Gütersloh, 1882, p. 270-273). Je dois cette indication au docteur Lotte Köhler.

des instruments dans les relations entre les hommes qui servent à contraindre ou à tuer. L'arsenal de ces instruments est constitué par les moyens de la violence qui, comme tous les moyens, servent à déterminer un objectif. Cet objectif peut être, dans l'optique de la défense, l'affirmation de soi, et, dans le cas de l'offensive, la conquête et la domination; dans le cas d'une révolution, le but peut être la destruction comme aussi la restauration d'un corps politique ancien, ou enfin l'édification d'un nouveau corps politique. Ces buts ne sont pas équivalents aux fins que poursuit toujours l'action politique; les fins d'une politique ne sont jamais rien d'autre que des lignes de conduite, des directives qui permettent certes de s'orienter mais qui, en tant que telles, ne sont pas fixes, et qui au contraire se modifient constamment puisqu'il s'agit de négocier avec d'autres qui, eux aussi, ont leurs fins. C'est seulement lorsque la violence se déploie et installe son arsenal de moyens dans l'espace existant entre les hommes – dans lequel on n'avait affaire jusqu'à présent qu'à la simple parole désarmée – que les fins d'une politique deviennent des buts, aussi fixes que le modèle d'après lequel on construit un objet quelconque, et qui déterminent en fonction de lui le choix des instruments, les justifiant ainsi, voire les sanctifiant. Lorsqu'une action politique qui n'est pas placée sous le signe de la violence n'atteint pas ses fins, et elle ne les atteint pratiquement jamais, elle n'est pas pour autant dépourvue de but ou de sens. Elle ne peut pas être sans but puisqu'elle n'a jamais poursuivi de buts, se contentant de s'orienter avec plus ou moins de succès en fonction de fins; et elle n'est pas dépourvue de sens puisque c'est seulement par l'intermédiaire du dialogue entre les hommes, entre les peuples, les États et les nations, qu'a tout d'abord surgi un espace qui s'est ensuite maintenu dans la réalité, et dans lequel tout le reste se déroule. Ce qu'on appelle en langage politique la rupture des relations est ce qui sacrifie cet espace, et toute action qui recourt aux moyens de la violence détruit d'abord l'espace intermédiaire avant de procéder à l'anéantissement de ceux qui habitent de l'autre côté de cet espace intermédiaire.

Nous devons donc distinguer en politique entre le but, la fin et le sens. Le sens d'une chose, contrairement à son but, réside toujours en elle-même, et le sens d'une activité ne peut persister qu'aussi longtemps que cette activité dure. Cela est valable pour toutes les activités et également pour l'action, qu'elle poursuive ou non un but. En ce qui concerne le but d'une chose, c'est précisément l'inverse ; il ne commence à devenir réel que lorsque l'activité qui l'a produit est parvenue à son terme – à peu près de la même manière dont un objet produit quelconque se met à exister à l'instant même où le fabricant y a mis la dernière main. En ce qui concerne les fins en fonction desquelles nous nous orientons[61], elles établissent des critères en fonction

---

61. Dans l'original, le texte, sur ce point, poursuivait de la manière suivante (le passage se trouve au verso de la page signalée « ad 4 » [= 022398] : « ... et dont notre action s'inspire, ils ont en commun avec les buts le fait d'être extérieurs à l'action et d'avoir une existence indépendante de l'activité correspondante ; ils ont en commun avec le sens le fait que leur existence est beaucoup moins tangible qu'un but, mais en compensation ils peuvent survivre à l'achèvement de toute action particulière.

S'il était vrai que l'action politique poursuit des buts et doit être jugée en fonction de sa finalité *(Zweckmässigkeit)*, il s'ensuivrait qu'en politique sont en jeu des choses qui ne sont pas en elles-mêmes politiques, mais qui sont supérieures à la politique, de la même manière que tous les buts doivent être supérieurs aux moyens

desquels tout ce qui s'accomplira devra être jugé ; ils dépassent ou transcendent ce qui est accompli au sens où chaque critère transcende ce qu'il doit mesurer.

A ces trois éléments constitutifs de toute action politique – le but qu'elle poursuit, la fin qu'elle a en vue et par rapport à laquelle elle s'oriente et le sens qui se dévoile en elle pendant qu'elle se déroule – vient s'en ajouter un quatrième qui, bien qu'il ne soit jamais la cause directe de l'action, n'en est pas moins ce qui la met en mouvement. J'appellerai ce quatrième élément le principe de l'action, et je suivrai sur ce point Montesquieu qui, le premier, a découvert cet élément, dans sa discussion des formes de gouvernement dans *De l'esprit des lois*. Si l'on cherche à comprendre ce principe d'un point de vue psychologique, on peut dire qu'il consiste dans la conviction fondamentale que partage un groupe d'hommes. De telles convictions fondamentales, qui ont joué un rôle au cours de l'action politique, nous ont été transmises en grand nombre, quand bien même Montesquieu n'en cite-t-il que trois : l'honneur dans les monarchies, la vertu dans les républiques et la peur dans les tyrannies. Au nombre de ces principes, on peut également compter sans difficulté la gloire, telle que nous la connaissons par le monde homérique, la liberté telle qu'on la trouve à Athènes à

---

qu'ils produisent. Il s'ensuivrait que l'action politique s'achève lorsqu'elle a atteint son but et que la politique en général, si elle n'est pas le moyen approprié, opportun, pour atteindre les buts politiques qui en légitiment l'existence, est destinée avant ou après à disparaître de l'histoire de l'humanité. Enfin, pour une action conforme au but où rien d'autre n'est véritablement en jeu que l'accomplissement de buts préordonnés et définis, la violence doit jouer un rôle considérable. »

l'époque classique, ou la justice, mais également l'égalité à condition d'entendre par là la conviction de la dignité originelle de tous ceux qui ont un visage humain.

Nous reviendrons par la suite[62] sur la signification extraordinaire de ces principes qui incitent en tout premier lieu les hommes à l'action et dont leurs actions se nourrissent constamment. Mais, pour éviter les erreurs d'interprétation, il nous faut tout d'abord évoquer une difficulté. Non seulement les principes qui inspirent l'action ne sont pas les mêmes en fonction des différents gouvernements et des différentes époques, mais, en outre, ce qui à une époque donnée constituait le principe de l'action peut, à une autre époque, devenir la fin en fonction de laquelle on s'oriente, ou bien également le but que l'on poursuit. Ainsi par exemple, la gloire immortelle ne constituait le principe de l'action que dans le monde homérique, mais elle est demeurée durant toute l'Antiquité l'une des fins en fonction desquelles on s'orientait et on appréciait les actions. De même, pour prendre un autre exemple, la liberté peut-elle être un principe, comme dans la *polis* athénienne, mais elle peut également devenir un critère pour juger dans une monarchie si le roi a ou non outrepassé les limites de son pouvoir, et elle se transforme très facilement à une époque révolutionnaire en un but que l'on entend pouvoir poursuivre directement.

En ce qui nous concerne, qu'il nous suffise tout d'abord de retenir que lorsque, compte tenu du désastre dans lequel les événements politiques ont plongé les

---

62. Il pourrait s'agir d'une indication concernant le chapitre prévu « Pluralité des formes de gouvernement ». Voir à ce sujet la première édition de cet ouvrage, *op. cit.*, p. 170 *sq*.

hommes, nous nous demandons en conséquence si la politique a finalement encore un sens, nous soulevons du même coup de façon imprécise et sans nous rendre compte des différentes significations possibles de cette question toute une série d'autres questions très différentes. Les questions qui résonnent dans notre question initiale sont les suivantes. *Premièrement* : la politique a-t-elle en définitive encore un sens ? Et cette question signifie : les buts que l'action politique peut poursuivre sont-ils dignes des moyens qui peuvent être mis en œuvre dans les circonstances présentes pour l'atteindre ? *Deuxièmement* : y a-t-il encore en définitive dans le champ politique des fins en fonction desquelles nous pouvons nous orienter en toute confiance ? Et, à supposer qu'il y en ait, leurs critères ne sont-ils pas complètement impuissants et par conséquent utopiques, en sorte que chaque entreprise politique, une fois qu'elle a été mise en mouvement, ne se soucie plus des fins ni des critères, mais suit un cours interne que rien d'extérieur à elle ne peut arrêter ? *Troisièmement*, l'action politique, du moins à notre époque, ne se caractérise-t-elle pas précisément par l'absence de tout principe ? Comme si, au lieu de procéder de l'une des nombreuses sources possibles du vivre-ensemble humain et de se nourrir de ses profondeurs, l'action politique se tenait bien plutôt de façon opportuniste à la surface des événements quotidiens, pour être emportée par eux dans les directions les plus différentes, si bien que ce qui est apprécié aujourd'hui s'oppose toujours à ce qui est arrivé hier. L'action n'a-t-elle pas elle-même été conduite de son propre fait *ad absurdum*, et, ce faisant, n'a-t-elle pas du même coup aussi détruit les principes ou les origines qui sans doute l'avaient préalablement déclenchée ?

§ 2[63]

Telles sont aujourd'hui les questions qui se posent inéluctablement à celui qui commence à réfléchir sur la politique à notre époque. Mais, compte tenu de la manière dont elles se posent, ces questions n'appellent pas de réponse; il s'agit dans une certaine mesure de questions rhétoriques ou mieux d'exclamations, qui restent nécessairement prises dans le cadre de l'expérience d'où elles ont surgi, et qui est déterminé et limité par les catégories et les représentations de la violence. Le but doit justifier les moyens nécessaires pour l'atteindre. Mais quel but pourrait bien justifier dans les circonstances présentes les moyens capables d'anéantir l'humanité et la vie organique sur terre? La fin doit limiter aussi bien les buts que les moyens et donc prémunir l'action elle-même contre un danger de démesure qui lui est toujours inhérent. Mais, s'il en est ainsi, les fins ont déjà échoué avant qu'on ait découvert que l'agir conformément à une fin est inutile; car en ce cas il n'aurait jamais dû être possible que les moyens de la violence – dont disposent aujourd'hui les grandes puissances et dont disposeront tous les États souverains dans un futur proche – soient finalement mis au service de l'action politique.

La limitation extraordinaire du champ de l'expérience, dans lequel nous abordons la politique en fonction des expériences de notre siècle, n'apparaît peut-être nulle part plus clairement que dans le fait que nous sommes involontairement prêts à mettre en question le sens de la politique en général, dès lors que nous sommes convaincus de l'absence de but et de l'absence de fina-

---

63. Cette partie ne porte pas de titre.

lité de l'action. La question des principes de l'action n'anime plus notre réflexion sur la politique depuis que la question concernant les formes de gouvernement et la meilleure forme du vivre-ensemble humain est passée sous silence, c'est-à-dire depuis l'époque de la Révolution américaine à la fin du XVIIIe siècle, au cours duquel on débattait activement des mérites et des inconvénients possibles de la monarchie, de l'aristocratie et de la démocratie, c'est-à-dire d'une forme de gouvernement susceptible, en tant que République, de mêler et de concilier en elle des éléments monarchiques, aristocratiques ou démocratiques. Et la question du sens de la politique, c'est-à-dire de ces contenus de sens permanents et dignes de souvenir qui ne peuvent finalement se manifester que dans le vivre-ensemble et l'action commune politiques, ne s'est de fait elle non plus guère posée sérieusement depuis l'Antiquité classique. Nous nous interrogeons sur le sens de l'action politique mais nous entendons par là ses buts et ses fins, et nous n'appelons cela sens que parce que nous ne croyons absolument plus en un sens, à strictement parler. Compte tenu de ce manque d'expérience, nous avons tendance à faire coïncider les différents éléments possibles de l'action, et à croire qu'une différence comme celle du but et de la fin, du principe et du sens, revient à couper les cheveux en quatre.

Notre manque d'empressement à différencier n'empêche naturellement pas l'existence effective de ces différences dans la réalité, il nous empêche simplement de saisir adéquatement ce qui se passe réellement. Les buts, les fins et le sens des actions sont si peu identiques les uns aux autres qu'ils peuvent se contredire au cours d'une seule et même action, au point de précipi ter les acteurs eux-mêmes dans les conflits les plus difficiles, et que les historiens à venir, auxquels incombera la tâche de raconter fidèlement les événements, risquent de s'embrouiller dans des querelles d'interprétation interminables. Ainsi, le seul sens qu'une action accomplie avec les moyens de la violence puisse révéler et rendre visible dans le monde, est-il la puissance monstrueuse due à la contrainte qui régit les relations des hommes entre eux, et ce tout à fait indépendamment des buts pour lesquels la violence est mobilisée. Même lorsque le but est la liberté, le sens qui est lui-même compris dans l'action exerce une contrainte tyrannique. De ce conflit très réel naissent ensuite ces expressions toutes faites et paradoxales avec lesquelles l'histoire des révolutions ne nous a que trop familiarisés, témoin celle-ci par exemple : on doit contraindre les hommes à la liberté, ou, pour reprendre les termes de Robespierre [64], au despotisme des rois s'oppose la tyrannie de la liberté. Le seul élément qui puisse régler ou du moins atténuer ce conflit effectivement meurtrier entre le sens et le but qui est tout aussi inhérent aux guerres qu'aux révolutions, c'est le but. Car la fin de toute violence est effectivement la paix : la fin mais non le but, c'est-à-dire ce à partir de quoi toutes les actions violentes singulières doivent être jugées – au sens où, selon le célèbre mot de Kant, rien ne devrait

---

64. Arendt se réfère probablement à la phrase de Robespierre : « Le gouvernement de la révolution est le despotisme de la liberté contre la tyrannie. » Hannah Arendt a fait référence à cette phrase que Robespierre prononça dans son discours à la Convention le 5 février 1794 en d'autres endroits de son œuvre (cf. *Essai sur la Révolution, op. cit.*) ; cf. Robespierre, *Œuvres*, éditées par Laponneraye, vol. 3, réimpression à New York, Franklin, 1970, p. 539-567 (p. 550) ; cf. Arendt, *Essai sur la Révolution, op. cit.*, p. 84 et 276.

arriver dans une guerre qui rendrait impossible la paix par la suite[65]. La fin n'est pas elle-même incluse dans l'action, mais elle ne se situe pas non plus, contrairement au but, dans le futur. Si on veut finalement l'atteindre, elle doit demeurer présente et à plus forte raison lorsqu'elle n'est pas atteinte. Dans le cas de la guerre, la fin a sans aucun doute pour fonction de maîtriser la violence ; mais ce faisant, la fin de la paix entre en conflit avec les buts pour lesquels les moyens de la violence ont été mobilisés ; car on aurait pu parvenir à ces buts mieux et plus rapidement si l'on avait laissé libre cours aux moyens et en particulier si les moyens avaient été organisés de façon correspondante aux buts. Le conflit entre la fin et le but naît du fait que le but dégrade nécessairement au rang de moyens tout ce qui lui est utile et rejette comme inutile tout ce qui ne peut pas l'aider. Mais, étant donné que toutes les actions violentes s'effectuent dans le cadre de la catégorie moyens-fin, il ne fait aucun doute qu'une action qui ne reconnaît pas la paix pour fin – et les guerres que déclenchent les régimes totalitaires se sont assigné pour but la conquête du monde ou la domination du monde plutôt que la paix – apparaîtra toujours supérieure dans le champ de la violence.

C'est parce que nos expériences avec la politique se sont essentiellement déroulées dans le champ de la violence qu'il ne nous est que trop naturel de comprendre l'action politique sous les catégories de la contrainte

---

65. Kant, *Projet de paix perpétuelle*, Paris, Gallimard, 1986, trad. d'un auteur anonyme (1796), revue par H. Wismann, 1re section, articles préliminaires, 6, p. 337 : « On ne doit pas se permettre, dans une guerre, des hostilités qui seraient de nature à rendre impossible la confiance réciproque, quand il sera question de la paix. »

et de l'être-contraint, de la domination et de l'être dominé, car c'est dans ces catégories que se révèle le sens véritable de toute action violente. Nous avons tendance à considérer la paix – qui en tant que fin de la violence doit lui indiquer ses limites et circonscrire son processus d'anéantissement – comme quelque chose qui prend son origine à partir d'un domaine qui transcende le politique et qui doit maintenir la politique elle-même dans ses limites ; de même que nous sommes enclins à accueillir les époques de paix qui s'intercalent entre les catastrophes, même à notre époque, comme les périodes quinquennales ou les décennies au cours desquelles la politique nous octroie un répit. Ranke a un jour forgé l'expression de primat de la politique étrangère[66] et il se pourrait bien qu'il n'ait pas voulu dire autre chose si ce n'est que la sécurité des frontières et les relations internationales doivent être le premier souci de l'homme d'État, puisque la simple existence de l'État et de la nation en dépend. On est tout d'abord tenté de croire que seule la guerre froide nous a enseigné ce qu'il en est du primat de la politique étrangère. Si, en effet, le seul objet pertinent de la politique est devenu la politique étrangère, c'est-à-dire le danger qui guette toujours les relations internationales, cela ne signifie ni plus ni moins sinon que le mot de Clausewitz, la guerre n'est rien d'autre que la poursuite de la politique avec d'autres moyens, s'est inversé, de telle sorte que la politique est finalement devenue une poursuite de la guerre dans laquelle les moyens de la ruse se sont provisoirement introduits à la place des moyens de la violence. Et il est indéniable que les conditions de

---

66. Cf. plus haut, note 21.

la course aux armements dans lesquelles nous vivons et devons vivre permettent à tout le moins de penser que le mot de Kant – rien ne devrait arriver pendant la guerre qui rende impossible une paix ultérieure – s'est lui aussi inversé, en sorte que nous vivons dans une paix au sein de laquelle rien ne doit être épargné pour qu'une guerre soit encore possible.

Fragment 4

« Du désert et des oasis »
(Un chapitre de conclusion possible) [67]

Conclusion : Ce que nous avons observé pourrait également être décrit comme la perte croissante du monde, la disparition de l'entre-deux. Il s'agit là de l'extension

---

67. A l'époque où elle projetait son *Introduction à la politique*, et où elle consignait par écrit les fragments que nous publions ici pour la première fois, Hannah Arendt dissimulait son pathos pour la politique, autrement dit son souci pour le monde et pour la survie des hommes dans ce monde (voir la première édition de cet ouvrage, *op. cit.*, Commentaire, p. 155), en empruntant le plus souvent des métaphores. Elle parlait et écrivait du « désert » et des « oasis ». Ce couple métaphorique se présente de façon sporadique tant dans son œuvre publiée que dans son œuvre inédite et également dans ses notes pour *Introduction à la politique*. « Du désert et des oasis », note-t-elle en guise de formule (voir la première édition de cet ouvrage, *op. cit.*, Appendice, p. 200, et également p. 198) sans toutefois fournir de plus amples détails, tandis que les termes de « désert » et/ou d'« oasis » apparaissent ici ou là dans les manuscrits (cf. p. 80, 121 *sq.*, 124). A un autre endroit du Fonds, on trouve toutefois un manuscrit de trois pages – la « conclusion » du cours qu'elle avait prononcé au début de l'année 1955 à l'université de

du désert, et le désert est le monde dans les conditions duquel nous nous mouvons.

C'est Nietzsche qui, le premier, a reconnu le désert et c'est également lui qui dans son diagnostic et sa description a commis l'erreur décisive : Nietzsche pensait, comme tous ceux qui sont venus après lui, que le désert était en nous. Par ce diagnostic, il révèle qu'il était lui-même l'un des premiers habitants conscients du désert.

Cette idée est à la base de la psychologie moderne. Elle est la psychologie du désert et également la victime de l'illusion la plus effrayante qui soit dans le désert, celle qui nous incite à penser que quelque chose en nous ne va pas, et ce parce que nous ne pouvons pas vivre dans les conditions de vie qui sont celles du désert, et que nous perdons par conséquent la capacité de juger, de souffrir et de condamner. Dans la mesure où la psychologie essaie d'« aider » les hommes, elle les aide à « s'adapter » aux conditions d'une vie désertique. Cela nous ôte notre seule espérance, à savoir l'espérance que nous, qui ne sommes pas le produit du désert, mais qui vivons tout de même en lui, sommes en mesure de transformer le désert en un monde humain. La psychologie met les choses sens dessus dessous ; car c'est précisément parce que nous souffrons dans les conditions du désert que nous sommes encore humains, encore intacts. Le danger consiste en ce que nous devenions de véritables habitants du désert et que nous nous sentions bien chez lui.

Berkeley en Californie – qui y est entièrement consacré. On aurait très bien pu aussi la trouver à la fin d'*Introduction à la politique* comme le montrent les textes qui restent, et c'est pourquoi nous la reproduisons ici. La traduction suit d'aussi près que possible l'original ; nous n'avons pas masqué les imprécisions dues au fait que ces pages étaient destinées à la leçon et non à la publication.

L'autre grand danger du désert consiste en ce qu'il recèle la possibilité de tempêtes de sable, c'est-à-dire que le désert n'est pas toujours une paix de cimetière, là où en fin de compte tout est encore possible, mais qu'un mouvement autonome se déclenche. Voilà en quoi consistent les mouvements totalitaires : leur danger tient précisément en ce qu'ils s'adaptent dans une très grande mesure aux conditions en vigueur dans le désert. Ils ne comptent sur rien d'autre, et c'est pourquoi ils semblent être les formes politiques les plus adéquates à la vie dans le désert.

Tous deux, la psychologie en tant que discipline de la vie humaine adaptée au désert, et les mouvements totalitaires – les tempêtes de sable dans lesquelles tout ce qui est tranquille comme la mort se transforme soudainement en pseudo-action –, menacent les deux facultés de l'homme, grâce auxquelles nous pourrions patiemment transformer le désert (à défaut de nous-mêmes) : la faculté de pâtir et la faculté d'agir. Il est vrai que nous souffrons moins sous les mouvements totalitaires ou en nous y adaptant grâce à la psychologie moderne, et que nous perdons ce faisant la faculté de pâtir et avec elle la vertu d'« endurer ». Nous ne pouvons attendre que se rassemble ce courage à la racine de toute action, de tout ce qui fait qu'un homme devient un être agissant, que de ceux qui réussissent à supporter (« endurer ») la passion de la vie dans les conditions du désert.

En outre, les tempêtes de sable menacent également ces oasis dans le désert sans lesquelles aucun d'entre nous ne pourrait y résister. La psychologie essaie seulement de nous habituer à la vie dans le désert au point que nous n'éprouvions plus aucun besoin d'oasis. Les oasis constituent tous ces domaines de la vie qui existent indépendamment, ou tout au moins en grande partie indépendamment, des circonstances politiques. Ce qui va de travers, c'est la politique, c'est-à-dire nous-mêmes, dans la mesure où nous existons au pluriel, mais non pas ce que nous pouvons faire et créer dans la mesure où nous existons au singulier : dans l'isolement *(isolation)* comme l'artiste, dans la solitude *(solitude)* comme le philosophe, dans la relation particulière privée de monde *(worldless)* de l'homme à l'homme, telle qu'elle nous apparaît dans l'amour et parfois dans l'amitié (lorsque, dans l'amitié, un cœur s'adresse directement à un autre) ou lorsque dans la passion l'entre-deux, le monde, disparaît sous l'emprise de la passion enflammée. Si les oasis ne subsistaient pas intactes, nous ne saurions comment respirer. Or c'est précisément ce que devraient savoir les spécialistes de politique ! Si les spécialistes du politique, qui doivent passer leur vie dans le désert tout en cherchant à accomplir telle ou telle chose, et qui se soucient constamment des conditions du désert, ne savaient pas mettre à profit les oasis, ils deviendraient, même sans le secours de la psychologie, des habitants du désert. En d'autres termes : ils se dessécheraient. Mais il ne faut pas confondre les oasis avec la « détente » ; elles sont des fontaines qui dispensent la vie, qui nous permettent de vivre dans le désert sans nous réconcilier avec lui.

Le danger inverse est beaucoup plus fréquent. On utilise habituellement pour le désigner le terme de fuite *(escapism)*. On fuit le monde du désert, la politique, ou n'importe quoi. C'est une manière moins dangereuse et plus raffinée d'anéantir les oasis que les tempêtes de sable qui en menacent l'existence pour ainsi dire de l'extérieur. Lorsque nous fuyons, nous faisons entrer le sable dans les oasis, semblables à Kierkegaard qui, alors même qu'il cherchait à échapper au doute, l'introduisit dans la religion en devenant croyant. Le manque d'endurance, l'incapacité à reconnaître le doute pour ce qu'il était et de l'endurer comme l'une des conditions essentielles de la vie moderne ont transformé le doute en une composante constituante de l'unique sphère dans laquelle il n'aurait jamais dû pénétrer : la sphère de la religion au sens strict du terme, le domaine de la foi. Ce n'est qu'un exemple pour montrer ce que nous faisons lorsque nous fuyons. Parce qu'il en est ainsi, parce que les oasis qui peuvent dispenser la vie sont anéanties lorsque nous y cherchons refuge, il peut parfois sembler que tout conspire à faire advenir, partout, le désert.

Mais cela n'est qu'imagination. En définitive, le monde est toujours le produit de l'homme, un produit de l'*amor mundi* de l'homme. L'œuvre d'art humaine. La parole de Hamlet est toujours vraie : « *The time is out of joint, the cursed spite that I was born to set it right*[68]. » Le monde édifié par les mortels en vue de leur immortalité potentielle est toujours menacé par la condition mortelle de ceux qui l'ont édifié et qui naissent pour vivre en lui. En un certain sens, le monde est toujours un désert qui a besoin de ceux qui commencent pour pouvoir à nouveau être recommencé.

A partir des conditions de ce désert qui a commencé avec l'absence de monde de la modernité (laquelle ne doit pas se confondre avec la doctrine chrétienne de

---

68. « Le temps est hors de ses gonds. Maudit sort d'être né, moi, pour le faire rentrer dans l'ordre » (Shakespeare).

l'absence de monde, orientée vers l'au-delà), se posa la question qui fut celle de Leibniz, de Schelling et de Heidegger : pourquoi y a-t-il quelque chose plutôt que rien ? A partir des conditions du monde moderne, où la menace n'est plus simplement qu'il n'y ait plus aucune chose, mais également qu'il n'y ait plus personne, on peut poser la question : pourquoi y a-t-il quelqu'un plutôt que personne ? Ces questions peuvent paraître nihilistes. Dans la condition objective du nihilisme, où le qu'il-n'y-ait-aucune-chose et le qu'il-n'y-ait-personne menacent de détruire le monde, elles sont les questions antinihilistes.

Index

Académie, 94-99.
Achéens, 150.
Achille, 137, 140, 142, 148, 150-151, 156, 165.
Acton, lord John Emerich Edward Dalberg, 49.
Altheim, Franz, 158, 159, 163.
Anders, Günther, 16.
Antigone, 87.
Aristote, 10, 17, 30, 74, 75, 100, 144.
Athènes, 96, 169, 178.
Augustin, saint, 9, 88, 105, 106

Benjamin, Walter, 10 n., 31.
Berkeley, 29, 186 n.
Blücher, Heinrich, 10 n., 29.
Burckhardt, Jacob, 83 n., 138.
Burke, Edmund, 90.

Caton, 24, 152, 164.
Celan, Paul, 31, 32.
Chaplin, Charles, 33.
Charles Ier, 109 n., 112.
Cicéron, 24.

Cisée, 150.
Clausewitz, Carl von, 174 n., 185.
Colin, Amy, 32 n.

Danaés, 150.
Didon, 151.

Ehrenberg, Victor, 78 n., 85 n
Eichmann, Adolf, 28.
Énée, 150, 151, 163, 169.
Eschenburg, Theodor, 112.
Eschyle, 167.
Évangile, 107.

Gaus, Günther, 19.
Goethe, 114 n.
Greighton, Mandell, 49 n.

Hamilton, Alexander, 74 n.
Hamlet, 190.
Hannibal, 165.
Hector, 17, 137, 140, 142, 148, 150, 151, 156, 165.
Hegel, Georg Wilhelm Friedrich, 35

Heidegger, Martin, 7 n., 17-20, 31, 32-35, 191.
Heine, Heinrich, 33.
Hélène, 35, 151.
Héraclite, 17, 94, 141, 152, 160.
Héraklès, 90.
Hérodote, 17, 86, 138, 171.
Hitler, Adolf, 133.
Hobbes, Thomas, 14, 42.
Homère, 17, 84, 85, 86, 87, 137, 138, 140, 148, 150, 152, 155, 165.

Iliade, L', 152.
Ilion, sainte, 165.

Jaspers, Karl, 10 n., 15, 16, 26, 29.
Jené, Edgar, 33.
Jérusalem, 20 n.
Jésus-Christ, 103.
Jünger, Ernst, 173 n.

Kafka, Franz, 47 n.
Kant, Emmanuel, 23, 32, 35, 54, 88, 89, 144, 145, 183, 184, 186.
Kierkegaard, Sören Aabye, 190.
Kittner, Alfred, 32 n.
Köhler, Lotte, 114 n., 175 n.

Lavinia, 151.
Lazare, Bernard, 34.
Leibniz, Wilhelm Gottfried, 34, 191.

Lénine, Vladimir Illitch, 173.
Lessing, Théodore, 19 n.
Lucain, 152 n.

Madison, J., 74.
Marx, Karl, 11, 124, 174.
Matthieu, 104 n.
Mnemosyne, 31.
Moïse, 36.
Mommsen, Theodor, 82, 136, 147, 164, 166.
Montesquieu, Charles de Secondat, 12, 22, 178.

Nietzsche, Friedrich, 20, 21, 26, 31, 32, 35, 49, 187

Pâris, 150.
Parménide, 72, 94.
Pauly, A., 85.
Périclès, 61, 85, 149
Phidias, 148.
Pindare, 161.
Piper, Klaus, 7, 8.
Platon, 39, 61, 64 n., 72, 85, 90, 94, 95, 97-100, 105, 136, 143, 155, 161, 162.
Polybe, 78.
Priam, 151, 165.

Rahel Varnhagen, 10.
Ranke, Leopold von, 112.
Robespierre, Maximilien Marie Isidore de, 183.
Romulus, 149.

Sartre, Jean-Paul, 35.
Schelling, F. W., 34, 191.

Index

Scholem, Gershon, 31.
Schwab, Gustave, 175.
Scipion, 165.
Scipion Émilien, 165.
Scipion l'Ancien, 165.
Shakespeare, William, 190 n.
Socrate, 103, 160, 162.
Spinoza, Baruch, 35.

Tacite, 165, 170.
Taminiaux, Jacques, 18 n.
Tertullien, 102.
Thucydide, 85 n., 140 n., 149 n.

Tocqueville, Charles Alexis Chérel de, 36.
Turnus, 151.

Vénus, 150.
Virgile, 150, 163, 169.

Weil, Simone, 35.
Whigs, 90 n.
Wissowa, Paul, 85.

Zarathoustra, 20 n., 24.
Zeus, 160.

Table

Préface de Sylvie Courtine-Denamy   7

Textes de Hannah Arendt

1. *Qu'est-ce que la politique ?*   39
Fragment 1   39

2. *Introduction à la politique I*   45
Fragment 2a   45
Fragment 2b   49

3. *Introduction à la politique II*   63
Fragment 3a   63
Fragment 3b   72
Fragment 3c 124
Fragment 3d 173
Fragment 4 186

Index 193

Du même auteur

Les Origines du totalitarisme
1. Sur l'antisémitisme
Calmann-Lévy, « Diaspora », 1973
Seuil, « Points Essais », 1997
2. L'Impérialisme
Fayard, « L'espace du politique », 1982
Seuil, « Points Essais », 1997
3. Le Système totalitaire
Seuil, « Points Essais », 1995

La Condition de l'homme moderne
Calmann-Lévy, « Liberté de l'Esprit », 1961
nouvelle édition préfacée par Paul Ricœur, 1983
Pocket, 1988, 1992

Eichmann à Jérusalem : rapport sur la banalité du mal
Gallimard, « Témoins », 1966
nouvelle édition, « Folio Histoire », 1991

Essai sur la Révolution
Gallimard, « Les Essais », 1967
et « Tel », 1985

La Crise de la culture
Gallimard, « Idées », 1972, 1989

Du mensonge à la violence
Essais de politique contemporaine
Calmann-Lévy, « Liberté de l'Esprit », 1972
Pocket, 1989

Vies politiques
Gallimard, « Les Essais », 1974
et « Tel », 1986

La Vie de l'esprit
1. La Pensée
PUF, « Philosophie d'aujourd'hui », 1981, 1992
2. Le Vouloir
PUF, 1983, 1999

Rachel Varnhagen
La Vie d'une Juive allemande à l'époque du romantisme
Tierce, 1986
« Agora », 1994

La Tradition cachée
Christian Bourgois éditeur, « Détroits », 1987
« Choix Essais », 1993
10/18, 1997

Penser l'événement
Belin, « Littérature et politique », 1989

La Nature du totalitarisme
Payot, 1990

Auschwitz et Jérusalem
Deux Temps Tierce, 1991
« Presses Pocket », 1993

Le Concept d'amour chez saint Augustin
Deux Temps Tierce, 1991
Rivages, 1996, 1999

Juger. Sur la philosophie politique de Kant
Seuil, « Libre examen », 1991

Leçons sur la morale
Deux Temps Tierce, 1993

Hannah Arendt, Mary McCarthy :
correspondance
Stock, 1996

Considérations morales
Rivages, 1996

Hannah Arendt, Karl Jaspers :
correspondance (1926-1969)
Payot, 1996

Hannah Arendt, Kurt Blumenfeld :
correspondance (1933-1963)
Desclée de Brower, 1998

Hannah Arendt, Heinrich Blücher
correspondance (1936-1968)
Calmann-Lévy, 1999

La Philosophie de l'existence
Payot, 2000

Lettres et autres documents
Correspondance avec Martin Heidegger
1925-1975
Gallimard, 2001

Les Origines du totalitarisme
suivi de Eichmann à Jérusalem
Gallimard, 2002

Achevé d'imprimer en mars 2003 par
BUSSIÈRE CAMEDAN IMPRIMERIES
à Saint-Amand-Montrond (Cher)
N° d'édition : 48190-3. - N° d'impression : 031159/1.
Dépôt légal : janvier 2001.
Imprimé en France

Collection Points

SÉRIE ESSAIS

DERNIERS TITRES PARUS

380. Éthique, *par Spinoza*
381. Introduction à une politique de l'homme,
     par Edgar Morin
382. Lectures 1. Autour du politique
     par Paul Ricœur
383. L'Institution imaginaire de la société
     par Cornelius Castoriadis
384. Essai d'autocritique et autres préfaces, *par Nietzsche*
385. Le Capitalisme utopique, *par Pierre Rosanvallon*
386. Mimologiques, *par Gérard Genette*
387. La Jouissance de l'hystérique, *par Lucien Israël*
388. L'Histoire d'Homère à Augustin
     *préfaces et textes d'historiens antiques
     réunis et commentés par François Hartog*
389. Études sur le romantisme, *par Jean-Pierre Richard*
390. Le Respect, *collectif dirigé par Catherine Audard*
391. La Justice, *collectif dirigé par William Baranès
     et Marie-Anne Frison Roche*
392. L'Ombilic et la Voix, *par Denis Vasse*
393. La Théorie comme fiction, *par Maud Mannoni*
394. Don Quichotte ou le roman d'un Juif masqué
     par Ruth Reichelberg
395. Le Grain de la voix, *par Roland Barthes*
396. Critique et Vérité, *par Roland Barthes*
397. Nouveau Dictionnaire encyclopédique
     des sciences du langage
     par Oswald Ducrot et Jean-Marie Schaeffer
398. Encore, *par Jacques Lacan*
399. Domaines de l'homme, *par Cornelius Castoriadis*
400. La Force d'attraction, *par J.-B. Pontalis*
401. Lectures 2, *par Paul Ricœur*
402. Des différentes méthodes du traduire
     par Friedrich D. E. Schleiermacher
403. Histoire de la philosophie au XXe siècle
     par Christian Delacampagne
404. L'Harmonie des langues, *par Leibniz*
405. Esquisse d'une théorie de la pratique
     par Pierre Bourdieu
406. Le XVIIe siècle des moralistes, *par Bérengère Parmentier*

407. Littérature et Engagement, de Pascal à Sartre
par Benoît Denis
408. Marx, une critique de la philosophie, *par Isabelle Garo*
409. Amour et Désespoir, *par Michel Terestchenko*
410. Les Pratiques de gestion des ressources humaines
par François Pichault et Jean Mizet
411. Précis de sémiotique générale
par Jean-Marie Klinkenberg
412. Écrits sur le personnalisme, *par Emmanuel Mounier*
413. Refaire la Renaissance, *par Emmanuel Mounier*
414. Droit constitutionnel, 2. Les démocraties
par Olivier Duhamel
415. Droit humanitaire, *par Mario Bettati*
416. La Violence et la Paix, *par Pierre Hassner*
417. Descartes, *par John Cottingham*
418. Kant, *par Ralph Walker*
419. Marx, *par Terry Eagleton*
420. Socrate, *par Anthony Gottlieb*
421. Platon, *par Bernard Williams*
422. Nietzsche, *par Ronald Hayman*
423. Les Cheveux du baron de Münchhausen
par Paul Watzlawick
424. Husserl et l'Énigme du monde, *par Emmanuel Housset*
425. Sur le caractère national des langues
par Wilhelm von Humboldt
426. La Cour pénale internationale, *par William Bourdon*
427. Justice et Démocratie, *par John Rawls*
428. Perversions, *par Daniel Sibony*
429. La Passion d'être un autre, *par Pierre Legendre*
430. Entre mythe et politique, *par Jean-Pierre Vernant*
431. Entre dire et faire, *par Daniel Sibony*
432. Heidegger. Introduction à une lecture, *par Christian Dubois*
433. Essai de poétique médiévale, *par Paul Zumthor*
434. Les Romanciers du réel, *par Jacques Dubois*
435. Locke, *par Michael Ayers*
436. Voltaire, *par John Gray*
437. Wittgenstein, *par P.M.S. Hacker*
438. Hegel, *par Raymond Plant*
439. Hume, *par Anthony Quinton*
440. Spinoza, *par Roger Scruton*
441. Le Monde morcelé, *par Cornelius Castoriadis*
442. Le Totalitarisme, *par Enzo Traverso*
443. Le Séminaire Livre II, *par Jacques Lacan*
444. Le Racisme, une haine identitaire, *par Daniel Sibony*
445. Qu'est-ce que la politique ?, *par Hannah Arendt*
447. Foi et Savoir, *par Jacques Derrida*

448. Anthropologie de la communication, *par Yves Winkin*
449. Questions de littérature générale, *par Emmanuel Fraisse et Bernard Mouralis*
450. Les Théories du pacte social, *par Jean Terrel*
451. Machiavel, *par Quentin Skinner*
452. Si tu m'aimes, ne m'aime pas, *par Mony Elkaïm*
453. C'est pour cela qu'on aime les libellules
    par Marc-Alain Ouaknin
454. Le Démon de la théorie, *par Antoine Compagnon*
455. L'Économie contre la société
    par Bernard Perret, Guy Roustang
456. Entretiens Francis Ponge Philippe Sollers
    par Philippe Sollers - Francis Ponge
457. Théorie de la littérature, *par Tzvetan Todorov*
458. Gens de la Tamise, *par Christine Jordis*
459. Essais sur le Politique, *par Claude Lefort*
460. Événements III, *par Daniel Sibony*
461. Langage et Pouvoir symbolique, *par Pierre Bourdieu*
462. Le Théâtre romantique, *par Florence Naugrette*
463. Introduction à l'anthropologie structurale
    par Robert Deliège
464. L'Intermédiaire, *par Philippe Sollers*
465. L'Espace vide, *par Peter Brook*
466. Étude sur Descartes, *par Jean-Marie Beyssade*
467. Poétique de l'ironie, *par Pierre Schoentjes*
468. Histoire et Vérité, *par Paul Ricoeur*
469. Une charte pour l'Europe
    Introduite et commentée par Guy Braibant
470. La Métaphore baroque, d'Aristote à Tesauro
    par Yves Hersant
471. Kant, *par Ralph Walker*
472. Sade mon prochain, *par Pierre Klossowski*
473. Freud, *par Octave Mannoni*
474. Seuils, *par Gérard Genette*
475. Système sceptique et autres systèmes
    par David Hume
476. L'Existence du mal, *par Alain Cugno*
477. Le Bal des célibataires, *par Pierre Bourdieu*
478. L'Héritage refusé, *par Patrick Champagne*
479. L'Enfant porté, *par Aldo Naouri*
480. L'Ange et le Cachalot, *par Simon Leys*
481. L'Aventure des manuscrits de la mer Morte
    par Hershel Shanks (dir.)
482. Cultures et Mondialisation
    par Philippe d'Iribarne (dir.)
484. Les Catégories, *par Aristote*